釣り人の「マジで死ぬかと思った」体験談5

Accident File 87～105

つり人社書籍編集部編

つり人社

釣り人の「マジで死ぬかと思った」体験談5

目次

カバーイラスト&装丁・石井正弥
本文イラスト　イケウチリリー、廣田雅之
本文デザイン　佐藤安弘（イグアナ・グラフィックデザイン）

Accident File 87.

クマを蹴落とす！

猛然と林道を走って来る母グマ。とっさに谷側へと跳んだ私の後ろで、怒り狂った野生も跳躍した……。

体験者　高桑信一

1949年、秋田県の生まれ。フリーライターで取材カメラマン、山岳・渓流ガイド。ろうまん山房代表。『山小屋からの贈りもの』、『希望の里暮らし』（つり人社）、『山の仕事、山の暮らし』（つり人社、ヤマケイ文庫）等著書多数。

マジで死ぬかと思った度★★★

私はクマを怖い動物だと思っていない。長く山を登り続けていれば必然的に出会う、森のケモノの一員だとみなしているからだ。

人間はいざ知らず、すべての動物と鳥たちには、結界と呼んでいい警戒領域がある。たとえばスズメが遊んでいる場所に人間が近づいて行くと、ある時点でいっせいに飛び立つその距離が、スズメの警戒領域である。

警戒領域は生物が外敵に対していだく防衛本能である。それは野生に比例し、その動物や鳥たちの闘争能力と逃走能力に反比例する。人間に馴れた家畜は警戒領域を持たないし、深い森の小動物や小鳥は遠くからでも外敵を察知し、逃走と飛翔に備えるのである。

クマもまたその例に漏れない。クマは人間を怖れる動物だということを、多くの人が知らない。それでも不幸な出会いというものがある。それは互いの存在を知らないまま、クマの結界のなかで不意に出会ってしまう悲劇だ。

クマは身を守るために当然のように攻撃を仕掛けてくる。そうなれば人間は死にもつながりかねない手ひどい被害を受けることになる。

これまで報道されたクマの被害の多くがこれである。なかでも報告の多いのが春のタケノコ採りの事故で、クマもタケノコは大好物だから、見通しの利かない密藪のなかで、双方が夢中になる。ともに同じ動物として好物を求めているさなかの危険なら、クマだけが悪いということにはならない。注意すべきは人間のほうなのである。

クマと直接対決をしたところで人間に勝ち目はないから、こちらが自らの存在をクマに知らせるための努力をすることになる。それが唯一の自衛手段である。ラジオをかけるか、鈴を鳴らすか、笛を吹くか、あるいは時に応じて声を出すか。できる行為はその程度のものにすぎない。

クマを愛すべき野生の存在と信じるなら、あとは春先の子連れのクマに気を配り、不意の遭遇を避けることだ。

それにしても、ツキノワグマは報道されているほど、本当に生息数を増やしているのか。林道の延長による森の伐採でエサ場を奪われ、生息を脅かされたクマたちが、山から里へ移動しただけではないのか。クマはいたずらに人を襲うことはない。すべてに必然の理由があるはずなのである。

２００９年８月。秋田の堀内沢を遡行した。増水気味の渓からイワナもほどよく飛び出して、私たちは心ゆくまで東北の美渓に酔った。

マンダノ沢に入って蛇体淵《じゃたい》に泊まったのは２日目の夜。翌３日目は下山日だった。上天狗沢を経て羽後朝日岳に立つ昼ごろから雨になった。下山コースの部名垂沢《へなたれ》は、登山道とは名ばかりの悪路だったが、それでもどうにか、車を置いた夏瀬温泉に続く林道に出て安堵の息をついた。

雨のそぼ降る夕まぐれ。ヘッドランプを取り出す手間を惜しんだ私は、疲れ果てた後続を待たず、ひとり先を急いだ。

あと少しで遡行した堀内沢の橋に差し掛かる。そこを渡ってしまえば、夏瀬温泉までは２㎞もない。

林道は屈曲を重ねて闇に消えていた。小さなカーブを抜けた私は、前方の薄闇に揺れる影を認めて足を止めた。右手の山から林道に出たばかりの子連れのクマがそこにいた。出会いがしらの不幸だった。

クマとの距離は10ｍもない。私は声を立てずに、相手の出方を見るべきだった。しかし、後続に知らせるために大声を上げてしまったのだ。そのとたん、親グマが猛然と走り出して私に向かってきた。

クマと出会ったら目を背けてはいけないとか、走って逃げてはいけないなどという教えは机上の空論である。現実に突進してくるクマに対して、そんなことが本当にできるだろうか。目前のクマと格闘するつもりのない私は、その瞬間、クマを背にして走った。

逃げ切れるはずがない、という自覚はあった。５ｍほど走った私は、とっさに林道の谷側に身を躍らせた。そこが崖でなかったのが私の幸運である。

標的の予期せぬ行動に、クマはそのまま私を追って谷に飛びこんだ。加速していたクマは私を飛び越えて谷の左下方に滑りこみ、身を翻して、ふたたび私を襲おうとした。その間合いの差が、私の２つ目の幸運だった。

目の前に、下方から向き直ろうとするクマがいた。そのクマの横腹を、私は渾身の力をこめて蹴り落としたのである。

幸運の３つ目は、そこに後続のメンバーが大声を上げて走り寄ってくれたことだろう。私ひとりだと思っていたクマは、そこで初めて敵が複数であることを知ったのである。

奇跡にも等しい無傷のまま、私は林道に這い上がった。しかしまだ、油断はならない。林道を後退してようすをみているうちに、ようやく身震いがやってきた。林道の山側で子グマの親を呼ぶ声が聞こえ、私たちへの恐怖から林道を横切れない親グマが、谷側で切なく鳴いた。その声を、私たちは降り続く雨とヤブカの猛襲に耐えながら、1時間以上も聞かされなければならなかった。

クマの退散を待ちながら、私は1ヵ月前、月山の立谷川で遭った大グマを思い出していた。30mほど離れた沢向こうの台地でイタドリを夢中で食べていたクマは、明らかに300kgに迫ろうとするオスグマだった。山小屋の親父に聞かされていた月山の主は、おそらくあのクマではなかったか、と思わせるほどの巨大なクマだった。私たちの気配に気づいた大グマは、後ろも振り返らずに駆け出してヤブに消えた。

大イワナも大グマも、生き延びて巨大化するのには理由がある。繊細と臆病と大胆を併せ持ち、みずからの分限を知っているから無謀に走らないのである。山のケモノは山でしか暮らしてはならないのだ。

無傷だった私の幸運はまだあって、それは私が大きなザックを背負っていたことと、襲ってきたクマが体重60kgに満たない若い母グマだったことだ。あれがもっとでかいクマだったなら、そして私が何も背負っていなかったなら、はたして私は彼女の牙から逃げ切ることができただろうか。

クマなんて怖くねえや、と豪語してきた私だが、あらためてクマは怖い動物だった、と訂正しておく。しかしそれでもなお、あれは不幸な出会いだったと信じたい。

あのクマの親子は深い闇のなかで、無事に再会できただろうか。仔グマを育てるためとはいえ、人里近い林道に出てこなければならなかった小さな母グマの悲しみに、深く思いをめぐらしている私がいる。

Accident File 88.

クマに噛まれた！

クマの口の中には、私の顔面が入っていた。クマの舌のヌルッとした感触が気味悪かった。入れ歯がガシャと壊れ、「やられた」と思った。

体験者　早川輝雄

1945年生まれ。最近は本流の大ヤマメをねらっている。鳴瀬川のほか、近くの広瀬川にも何回か通うが今年（2010）も不毛。が、とある場所で高さ数十mの高い橋の上から、悠然と泳ぐ魚影を発見。来年こそはと夢を追う。

マジで死ぬかと思った度★★★★

40数年におよぶ登山と渓流釣りの経験と、さまざまの文献から、ツキノワグマが遠方から突進してきて人間を攻撃することなどあり得ないと思っていた。ツキノワグマは野生動物としてはおとなしく、非常に臆病な性質だという。それは実際に山で目撃したり出会ったりした、20回以上の経験からも間違いないことだった。クマに襲われる事故の多くは、出会いがしらで動物の防衛本能のなせる業であると思っていた。ところが、まさかの例外があることを、不運にも私自身で経験してしまったのである。

それは、忘れもしない昨年（2009）の5月16日。青森県下北半島、大尽山《おおづくし》でのことである。登山のガイドブック『東北百名山地図帳』の写真撮影と現地踏査のため、前日の吹越烏帽子岳に続き大尽山（828m）に登った。新緑の山と山頂からの宇曾利《うそり》山湖や恐山の俯瞰を撮影し帰路につく。早く下山して、噂に聞く川内川へイワナ釣りに行こうとの魂胆で、帰路を急いでいた。

登山口までおよそ600mの地点、作業道跡の傾斜が緩く歩きやすい直線状の道を快適に下っていた時である。前方10数mから、突進して来る黒い動物を発見した。すぐにクマと分かったが、どうしてクマが遠方から自分に向かって走って来るのか、不可解でならなかった。とにかく衝突を避けるめ、登山道脇のヤブに逃げる。そのまま登山道を直進してほしい、との願いもむなしく、クマは方向を変え私の顔を目がけて飛びかかってきた。この攻撃は、私は左へ避けてかわした。この時に「クマを巴投げで投げ飛ばし、難を逃れた話を聞いたことがあるな。でもこの状況ではどうしようもないなあ……」などと、意外にも冷静に考えている自分がいた。少し余裕があったのだろう。

次の瞬間、クマは振り向くと同時にふたたび顔を目がけて攻撃してきた。竹ヤブの中で逃げきれず顔を守るため左腕で防御、左腕の関節付近を噛まれてしまう。どうしようもなかった。その後はもみ合いになり右腕、右足、そして顔を噛まれてしまった。顔を噛まれた時の、クマの舌のヌルッとした感触が気味悪かった。入れ歯がガジャと壊れ、「やられた」と思った。

顔を攻撃した後、クマはヤブの中へ退散していった。この時は全くの素手で、何かしらの武器（ストック・棒きれなど）があったら、かなり対抗できると思った。子どもの頃、イヌと喧嘩した記憶があるが、彼らは俊敏で噛み付いたら離さない。クマは、獰《どう》猛な肉食獣とは異なると感じたのである。

クマが去った後、ヤブの中から2mほどの登山道へ上がろうと1歩踏み出した。ところが、登山道側と思った方向が実際は脇のほうで、バランスを失い転倒してしまった。気を落ち着かせ、慎重に道に這い上がる。顔の右側を激しく噛みつかれており、右目は開けられなかったが、左目は物を見ることができた。しかし左目は、若い頃のケガで視力が0・03程度しかなく、物をはっきり視認することはできなかった。

顔面からの出血が流れるような感じで著しい。ただちにタオルで顔を縛り止血を試みる。この時、手で触れた顔の右側がズタズタに裂けているのが分かった。不思議なことに痛みはほとんど感じない。ところが、タオルで縛っても出血は少なくならなかった。初めて「この出血状態で何分持つだろうか……」と、〝失血死〟を意識する。

失血状態になる前に、との思いから急いで携帯電話で119番通報し救急車を依頼する。電話器の数字がよく見えないため、ダイヤルに苦労してやっとの思いでつなげた。ところが場所を説明しても通じない。現場はむつ市なのだが、携帯電話に出たのは野辺地の消防だった。むつ市の消防へ連絡し対応するとのことで、いったん電話を切る。東北の山では携帯の通じない所がまだまだ多いが、通じて一安心する。

電話の後、少しでも救急車へ収容されるまでの時間を短縮し、死亡するリスクを少なくしようと自力での下山を開始する。15分ほど歩き、13時20分登山口の車に到着する。流れるような激しい出血は、かなり治まっていた。車のミラーで怪我のようすを確認しようとしたが、左目の視力では確認できなかった。

むつ消防の救急車から電話が入り、こちらに向かっているとのこと。少しの時間待っていたが、視力の弱い左目でも林道の路肩は確認できる。往路の状況から、脱輪さえしなければ危険は少ないと判断。血液でシートが汚れないよう車中泊用のタオルケットでシートを包み、車を運転して登山口を出発する。少しでも早く救急車に収容してもらいたいとの思いだった。

20分ほど運転した13時40分、救急車に合流できた。もし、登山口で待っていたら40分は遅れたと思われる。自分の車を邪魔にならない路肩に停め、救急車に収容してもらう。止血・酸素吸入等の応急処置をしてもらいながら、むつ総合病院へ向かう。病院到着後、ただちに処置室（手術室）へ入り、5時間近くもかけ、縫合手術を行なってもらった。頭は脳外科・顔は耳鼻咽喉科・手足は整形外科の各医師が手術を行ない、眼科の医師も診てくれたとのことだ。

この時の怪我は、結果的にすべて急所を外れており、話す、聴く、見る、歩く、の身体の機能へのダメージか小さかったので、救助依頼、徒歩下山、運転ができた。また、通常であれば激痛によって身体の自由が奪われてしまうのだが、さほどの痛みは感じなく、行動の支障になることはなかった。生命維持のために、感覚が非常時モードになり、通常感じる痛みは感じない状況になっていたものと思われる。こうした機能により、短時間で病院へ搬送してもらうことができた。人間の身体の神秘さと頼もしさも感じた経験だった。

そして、この時の出血量はどれほどだったか知る由もないが、医師の話によると「赤血球数が異常に多かった」とのこと。約1ヵ月前にネパールへトレッキングに行き、高度順化した状態の身体だったことも幸いしたと思われる。

手術後の経過は、懸念された野生動物の細菌等による感染症もなく、順調に回復した。5月26日抜糸した後の午後、むつ総合病院を退院、迎えにきた妻と車で仙台の自宅へ帰った。

今年は、これまでにないほど各地にツキノワグマが出没し、人間の被害も多発している。最大の原因は食料のブナの実の不作と思われる。私が歩いた山で今年はブナの実を一粒も見なかった。山形のある熊猟師は「クマを解体すると独特の脂のにおいがするが、今年獲ったクマは臭わない」と言っていた。今年増えた人家へのクマの出没は、「山里が少なくなり、結果として人間とクマの住処が隣接してしまったから」とも言われている。

ただ私の事故は、これらとは異質であると思う。なぜ攻撃してきたのか、素人であるが自分なりに考えてみた。動物がほかの動物を攻撃する主な理由は、防御と排除といわれている。防御は、出会い頭に出会うなどで驚いた時に自分を守るために、とっさに攻撃してくるパターン。クマに襲われる多くはこの例と思われる。排除は、子連れの母グマが子を守るため。または、発情期に自分のねらっているメスとの間に邪魔者が入った場合などの、オスの攻撃パターンとのこと。今回私が攻撃された理由で考えられることは、①母グマと子グマの間に入ってしまった。②発情期のオスグマとメスグマの間に入ってしまった（季節的には①、②どちらもありうる）という、この2つのどちらかではないかと推測される。

確実にいえることは、クマにも個性（個体差）があり「さまざまなレアケースがある」ということである。以前2頭の子を連れた母グマと遭遇したことがあったが、その時は子グマを置いて母グマのほうが真っ先に逃げて行った。子連れだから必ず攻撃してくるわけではなく、反対に攻撃的なクマの存在も否定できない。

クマ対策に100％はないが、事故時、鈴などは付けていなかった。人間（自分）の存在を遠方から極力早くクマに伝えることが、事故の減少につながることは確実である。人間のあまり入ることのない、渓流ではなおさらだ。あの日以来、私も鈴を付けて歩いている。

Accident File 89.

船上骨折！

斜め前方から押し寄せる一筋のヨタ波。船が谷間に落ちた瞬間、バランスを崩し、ロッドを握ったままドン！　と床についた私の右手首は〝く〟の字に変形し……。

体験者　**伊藤博昭**

1972年生まれ。千葉県在住。月刊『つり人』、のちに季刊『BOAT & REEL』（休刊）の元編集部員。つり人社を退職後、舵社『ボート倶楽部』編集部に在籍。※原稿は2011当時のもので後に舵社を退社。現在もマイボートで東京湾のボートフィッシングを楽しむ。

マジで死ぬかと思った度★★★＋☆（整復2回分）

温暖化のせいではないと思うが、神奈川県の相模湾では近年、夏から秋にかけて数十kgのキハダマグロが釣れている。もう少し沖に出ると、これまた数十kgのクロマグロも期待できる。このところ遊漁船も増え、首都圏近郊のアングラーは、手軽にマグロ釣りが楽しめるのだ。私は出版社に勤務し、『ボート倶楽部』という雑誌の編集をしている。プライベートでも小さなボートを所有し、釣りのはずが、なぜかいつもクルージングで終わる休日を楽しんでいる。人生のモットーは公私混同。仕事は趣味の一環である。我々ボートアングラーにとって、マイボートの航行区域で巨大マグロが釣れるなんて、想像するだけでもドキドキする話だ。

2010年7月下旬のこと。その日はベテラン船長Y氏の24フィート艇に、Y氏と私のふた家族、計6人が乗り込み、東京湾・金沢八景のマリーナを出航。近海の天然マグロを夢見て、相模灘を目差した。途中、千葉県の洲崎沖で、泳がせ釣りのエサにするスルメイカを10パイほど確保し、さらに南下。マリーナから約3時間半で目的のエリアに到着すると、そこには信じられない光景が待ち受けていた。海面を見渡すと、視界のあちこちで30~40kg級のキハダマグロとクロマグロが、全身をあらわに飛び跳ねているのだ。ベイトフィッシュを食いあさっているスーパーボイルも見られ、鳥が盛んに急降下している。こんなシーンは『大間のマグロ漁に密着！　3時間スペシャル』とかいうテレビ番組でしか見たことがない。

「よし、やるぞ！」とY氏。キンメダイ用タックルにセットした1本バリのフカセ仕掛けに、生きたスルメイカを付けて投入。船を少し走らせてラインをくり出し、エサとの距離を取る。私はルアーのキャスティングでねらう。マグロは船からすぐの距離でもジャンプしているから、フローティングペンシルでも届きそうだ。

魚は少しずつ移動しているようで、だんだん船から離れていく。いったん仕掛けを回収し、より食い気のありそうなボイルを捜して走る。私はいつでもキャストできるように右手にタックルを持ち、船首デッキに陣取る。当日は、まれに見るベタナギで、船は快調に魚影の群れを追う。

その時、他船の曳き波だろうか、斜め前方から一筋のヨタ波が迫ってきた。一瞬、とてもイヤな感覚がよぎった。船が越えるには問題ないが、自分の立っている場所がマズイ。船長はとっくに船速を落としていた。焦ってキャビンを振り返った時にも「分かってるよ」と頷いたほどだ。

船首が波に持ち上げられる刹那、私は何もできずに中腰で固まっていた。

バタン！

船尾側で座っていた家族たちには、たいした衝撃ではなかったらしい。しかし、船は船尾と船首で、受ける衝撃はまるで違う。船が谷間に落ちた瞬間、バランスを崩し、ロッドを握ったままドン！と床についた私の右手首は〝く〟の字に変形して、手のひらは意識と全然違う方向を向いていた。

（やっちまった……）

後ろを振り返ると、みんなこっちを見て笑っている。

「大丈夫かー？」とのよびかけに私の口から出たのは、

「すいません、折っちゃいました……申しわけない」

という謝罪だった。こんな千載一遇のチャンスに釣りを中断させるなんて……。痛みを意識するより先に、いたたまれない気持ちでいっぱいになった。

あいかわらずマグロが飛びかう海を、全速力で病院へ向かう。その場所から一番近いのは、伊豆大島だった。幸いにも同乗していたY氏の奥さんが看護師で、アルミ製のフィッシュスケールを曲げて添え木にし、タオルで固縛してくれた。おそるおそる右手の指を動かしてみると、少しは動く。「もしかして脱臼しただけかも?」と淡い期待を抱くが、折れても指は動くのだそうだ。

伊豆大島の漁港に入り、タクシーを呼んでもらう。やってきた運転手が私を見るなり、「服が濡れてるなあ、困るんだよね。着替えてもらえる?」と言い放った。この時ばかりは頭に血が上ったが、ここで揉めるのは得策ではない。付き添った妻が事情を説明し、島の総合病院まで乗せて行ってくれた。

受付後すぐに診てもらえると思ったら、直前に溺れたダイバーが運ばれてきたという。こちらは命に別状はないので、しばらく待たされることに。冷静になると脳内麻薬が出なくなるのか、どんどん痛みが増していく。およそ1時間半後、温厚そうな初老の先生が現われ、レントゲンを撮ってようやく診察が始まった。しかし、ここから新たな恐怖が待っているとは……。

結局、前腕に2本ある骨の太いほう、撓《とう》骨の先端が粉砕骨折していた。まずはこの折れ曲がった手首をどうするのかと思ったら、なんと力ずくで反対側に折り戻すのだという。それを整復というらしい。

「それって痛いですよね?」と聞くと、先生と看護師さんが声を揃えて「痛いですけどがまんしてくださいね」と言うではないか。いつも「痛くない」とウソをつく医者が「痛い」と断言する痛みって、どんだけ痛いんだ! さらに先生が「うまくいかないかもしれない」と自信なさげなので理由を聞くと、その先生は皮膚科だというではないか! この日は休診日で、たまたま皮膚科の先生が当直していたのだ。さっきのダイバーは無事だろうか。

どうしようもないので覚悟を決め、ベッドに横たわって右腕を預けた。看護師さんが肩を押さえつける。先生が折れた右手を両手でわしづかみにし、「メリメリッ、メリメリッ」という、ホラー映画に出てきそうな音を立てながら折り戻す。骨折した時など問題にならないほどの痛さで、もしこれが拷問なら、身に覚えのない罪でも白状するだろう。あまりの苦痛に呼吸ができず、意識が遠のく。このまま失神するんじゃないかと思った。

そうして、私の手首はとりあえず整復された。

簡易ギブスで固定してもらい、「応急処置なので、すぐ整形外科の先生に見てもらってくださいね」と見送られる。ふたたびタクシーで漁港に戻り、そのまま船で金沢八景まで帰ることになった。

海では依然としてマグロがバンバン跳ねている。Y氏に「どうぞ釣ってください、少しの間は大丈夫だから」と頼んだが、聞いてもらえなかった。病院で思いのほか時間がかかり、明るいうちにたどり着けるか微妙なのだという。帰路は大島から八景島まで2時間ちょっと。Y氏は愛艇のエンジンに少し無理をさせたようだ。

マリーナに到着し、すぐに最寄りの大学病院に駆け込んだ。すると、当直の先生は本物の整形外科医だった。しかし、それだけにこだわりがあるのだろう。レントゲンを見るなり「皮膚科の先生にしてはがんばったと思いますが、やはり気に入りませんねえ」と言い、もう一度整復をやり直すというではないか!

今度は立ったまま、研修医がふたりがかりで身体を押さえ、先生が手首を「ふん!」と言いながら何度も引っ張る。私は痛みと恐怖から、小島よしおのように床を蹴り続けていた。

そして先生は言った。

「あれ?」

あれ? じゃねえ‼ その整復は失敗に終わり、「自宅から通える病院で手術したほうがいいでしょう」と告げられ、病院を出た。

翌日、自宅から近い千葉の市立病院で診察を受け、その翌日に手術をした。現在、チタンのプレートと9本のボルトで私の撓骨は固定されている。だいぶ動きもよくなり、カワハギ釣りくらいならできるようになった。そして春が来る頃、今度はプレートを取り出す手術をするのだという。しかし、皮膚科の先生による整復を経験した私には、手術なんてちっとも怖くない。

その後、Y氏は長崎県・五島列島にIターンして漁師になり、氏の愛艇は私が譲り受けた。いつかこの船で、大きなマグロを釣りあげるのが夢だ。

Accident File 90.

振り向きざま滑落！

声をかけられると、つい反射的に振り向いてしまう私。この癖が、源流では命を失いかねない結果に。

体験者 下田香津矢

1949年東京生れ。渓流釣りおよびアウトドアライター・渓流会『全日本暇人協会』顧問。渓流釣りはもとより、春の山菜採りから秋のキノコ狩りにいたるまで、年間100日以上を渓流や山の生活に費やす。釣行記、渓流釣りのハウツー、渓流釣り場ガイドを渓流雑誌等に記載。TVのアウトドア番組、渓流釣りビデオにも出演している。

マジで死ぬかと思った度★★★★

話は10数年前にさかのぼる。当時私は渓流釣りのハウツー、釣行記、渓流ガイドブックの著作のほかに数社の雑誌社の取材記者を生業としていた。まだ現役のギタ―リストとしても仕事があり、二束のわらじを履いての忙しい日々に追われ、今のように〝暇人〟を掲げるようではなかった。

当時の私は40代なかばで体力、気力とも充実していた。3月の解禁日など夜も明けぬうちからカメラ片手に、幾河川も取材で渡り歩くといったハードな仕事をこなしていた。

そんな折に某社から源流釣行のフォトを依頼され、会津の某沢へ出向くことになった。仕事の内容は数人のパーティの源流釣行写真を撮れというものだった。下調べに地図を購入し、自分なりに検討して、30mの細引きがあればなんとかなると判断した。

当日は酒、食料、細引き、生活用品をザックに詰め込み、予備のカメラを含め2台のカメラをザックの雨蓋の中に収納。バランス的にはザックの最上部に重量がかさむ不安定なものになっていた。

夏の朝日が深い谷間に注ぎ込み、そよぐ風も穏やかな日和である。ヘツリ、高巻を繰り返しこの河川の最難所を迎えた。滝の直登はままならず、草も生えていないズルズルの泥つき壁の直登である。細引きを出し、1人ずつ確保しながら引き上げて難所をクリアした。その後は斜度の強いトラバースが続く。しばらく行くと、流れとの標高差は30mもあったと記憶するが、急斜面に立った。

誰かが呼んだか、あるいは自分で振り返ったかは定かではない。が、振り向きざまに足を滑らせた私は次の瞬間、急斜面を滑り落ちていた。最初は体勢を立て直そうともがいたが、どんどん加速してくる。両手を広げ障害物を求めたが何もない。

あと数mで、切り立った崖に落ちる。まるでジェットコースターに乗って、目を見開いているようだ。不思議なほど鮮やかに周囲の光景が見えていた。忘れもしないが、恐怖心はなかった。ただ「ア〜ア〜ア〜」といった感じである。

流れが目に入った。左手に大岩が見える。瞬時に「これにぶつかっては……」と意識が走り、思い切り右の方向へ足を蹴った。空中に飛ぶことになっても眼下の流れは、はっきりと見えていた……。

ガクッと一瞬目の前が真っ黒になり、私は意識を失ったようだ。その間1、2秒であろう。どう表現したらよいか分からないが、痛みよりも全身がバラバラになっているような感じがした。足も動く、手も動く、立つこともできる。大きくため息をついた。右足にしびれるような痛さがある。左こめかみが疼いている。そして、徐々に痛みが出てきた。

ゴルジュを歩き、ようやく河原に出たところで、仲間と合流した。頭から血が出ていることを知り、ズボンの裂け目から血が噴出しているのを知った。右太ももに重い痛みがある。ズボンを脱いでみると、太もも大腿部側筋が大きく凹み、これまた血だらけである。

まずは傷口にガムテープを巻き、傷口をふさぐ。大量の抗生物質と痛み止めを服用。これは傷口からの感染症を予防するためである。もちろん、とても取材を続行できる状態ではない。小尾根を越えて下山することになった。

足を引きずり痛みをこらえて2時間も歩いただろうか、ようやく道に出た。なんとか車止まで戻り病院に向かう。このあたりから、不気味なことに鼻血が出てきて止らなかった。鼻に痛みはなく、ぶつけてはいないはずなのだが……。

南会津総合病院の救急室で、医師の診察が始まった。右足のスネは骨が見えるほどで、縦に約10cm裂けている。これはすぐに縫い合わせた。右太ももは、おそらく岩にぶつかり岩の先が刺さったのだろう。直径にして7cmほど肉が落ち込んでいる。これは、筋肉が豆腐のように崩れているので肉をそぎ取ることになり、そぎ取ったあとは茶巾包みのように周りの皮膚を引っ張って縫い合わせた。

こめかみの傷はたいしたことはないが、堅気の私は顔に傷を残しても偉くはない、ましてステージに立つミュージシャンである。傷口が目立たぬように細い糸で縫い合わせてくれと頼み、処置してもらった。しかし鼻血が止らない。

医師が「鼻血は甘く感じないですか?」と聞いてきた。そう言われるとなんとなく甘さを感じる。

「たぶん、それは脳髄ですよ」

さりげなく言われた。この脳髄という言葉を聞いたとたん、頭がグラグラとして全身の力が抜け倒れそうになった。長い時間、俺は鼻血ではなく脳髄を垂れ流して歩いてきたのか……。脳障害という言葉が頭をよぎった。

レントゲンを撮ると、頭蓋骨にひびが見つかった。それが原因と分かったが、あと少し強く打ち付けていたら、こんなことではすまないと医師から通告された。まさに九死に一生を得たことを、私は実感した。その後、自宅近くの病院で1週間ほどの入院生活を余儀なくされた。

私は、こういった滑落を何度か経験している。原因は何かと考えてみたが、どうもいずれの滑落も振り向きざまであることが分かった。早出川でもきわどいヘツリの際、人に呼ばれて返事をし、振り向きざまに落ちた。

絶妙なバランスを要するところでは、人は自然に身体全身でバランスをとっている。身体の部位の中で一番比重が大きいのが頭である。振り向くということは、その比重が大きな一番上部が動くことになる。当然、バランスを大きく崩すことにつながるわけだ。

渓流釣りにはヘツリ、高巻が不可欠である。そんな時にバランスを崩すことは、イコール事故につながる。私の二の舞にならぬよう、くれぐれも〝振り向く〟という行動は控えてもらいたい。

私も還暦を過ぎ、気力、身体能力もすべてが落ちてきている。この事故当時のように瞬時に身をかわすこともできないだろう。もし釣行をご一緒することがあれば、きわどいところで決して私に声を掛けないでもらいたい。

Accident File 91.

Z状階段滝でもみくちゃ！

源流での骨折。平気な顔を装う私だが、歩くたびに激痛が。だがしかし、病院までの道のりは、まだまだ長いのであった。

体験者　深瀬信夫

1947年生まれ。埼玉県在住。遡行同人「梁山泊」代表。クライミング、沢登り、レスキュー、渓流釣り、キノコ、山菜、山スキーなどなどのガイドをしている。「東京マタギのアウトドア教室」（http://www5f.biglobe.ne.jp/~matagi/）では遡行のテクニックなどを楽しく学べるので、ぜひご参加を！

マジで死ぬかと思った度★★★＋☆（ヘリの分）

登山や沢登り、渓流釣り等々で「死ぬかと思った……」と思うことは少なからずあると思う。しかし私自身は多少のケガはあるが、死ぬかと思ったというほどの痛みを味わったことは、そうそうあるわけではない。

渓流釣りを含む登山全般の技術や体力や知恵は、不断のトレーニングが大事であることはいうまでもない。しかし、いくらトレーニングしても、注意はしていても、タイミングが悪くて事故に至る場合がある。私もあの時、そんな場面に当たってしまった……。

1995年7月に起こった日本海側の集中豪雨は、新潟の高台にある学校が水の中に浮かんでいる写真が新聞に載った。それ以前は8年連続で富山側の黒部川支流・柳又谷に遡行した。イワナを釣り放題で魚止以遠に再放流を繰り返し、稜線まで抜けている。ゴルジュと水流の強さと詰めの豪快な滝登りが待っている谷だ。教室ではあるが私自身、毎年楽しみにしている谷の1つである。豪快で沢登りのすべてを楽しめる谷は、そうそうあるものではない。沢登り教室の場所としては最適の所である。

事前の集中豪雨は想定外であるが、ひと月後の8月に入った。見るも無残だった。水流はミルク色、乳白色で底が見えない。ゴルジュの壁が1ヵ所消えていた。広い河原は水面から5m前後の高さで砂利が堆積。砂利の上は真っ平らである。広河原の樹木はヤナギ、ハンノキ、クルミの大木が多かったが小さい樹木はすべてなくなり、残った大木も15m前後の樹皮がすべて剥がされて立ち枯れていた。まるで渓流の墓場であった。大好きだった柳又谷が死んだ……と、思った。

2004年8月初旬、源流釣り大好きなメンバーが揃った。イワナも復活した。だが梅雨明けの8月初旬では雪解け水で最初のゴルジュがきつかった。そこは顔のよさと目の輝きと天気のよさで乗り切った……。

イワナは腐るほど釣れたが、食べるぶんだけキープ。広河原と柳河原は、灌木と樹木はなくなったが流木が一杯で焚き火は盛大であった。上流は魚止ノ滝を越え、支流の水谷に入り大滝30mを登り、草原のお花畑を詰めて朝日小屋に向かった。小屋では代が変わって親父さんの娘さんが盛大に歓待してくれた。酒とビールがすごくうれしかった。

8月も末になると、水量も減って少しは遡行しやすくなるかと思っていた。天気も安定している。ところが入渓して最初のゴルジュで「ごめんなさい……私が悪うございました」となった。下部のゴルジュは昨年もきつかったが、今年は手も足もつけられない水量だった。戻って左岸沿いに高巻開始。急な所はなぜか黄色いトラロープが張ってあった。先行者もやはり柳又谷の魅力に犯されたに違いない。

難なく広河原に到着したが、夕暮れ近くになっていたので早めのビバーク態勢になった。あとは釣り！　女性とご老体を除いては全員釣り好きだ。サオをだせば尺上が掛かる場所は、そうそうあるものではない。喜びの笑顔が広がる。刺身、セビッチェ、フライ、塩焼きが並ぶ。

翌日はのんびり起きて出発。難所は飛流峡と呼ばれるゴルジュ帯の突破だが、出発してすぐに遡行不能になった。水量が極端に多い。徒渉は不能でまた高巻になった。

「ナンタルチヤ〜！」

高巻いて回り込んで下降。昼飯も忘れて行動していた。懸垂下降で沢床に降りた時には全員バテバテ。少し歩いてタンバラ谷の出合でその日は終わった。近くでメンバーが釣りをやったが全員ペケ。水流が速く、多すぎた。

翌日の遡行は、少しはラクになるだろうと思っていたが、「そうはイカの内臓……！」。水流が強く、ザイル徒渉を余儀なくされる。本気度１００％だ。そのためにもウオータークライミングのトレーニングを重ねてきたのだ……（なんちゃって）。

時間はかかったが昼過ぎに柳河原に到着。10年前の集中豪雨で荒涼たる墓場と化した柳河原は、復活していた。ハンノキ、トチノキ、ヤナギ、クルミの木などが元気に育っている。輪廻転生を実感した。

早めにテント場を決めたのでその日は釣り放題になった。尺前後のイワナが次々と掛かる。料理は刺身、セビッチェ、ヌタ、フライ、塩焼きと並ぶ。塩焼きの串は真竹の太さほどもあるオオイタドリの幹を使った。で、大宴会となるのであった。

翌日は水量も減るだろうと思っていたら、なんのことはない、またザイル徒渉だ。でも下流の水流よりも少しラクになってきた。徒渉を終えるとサオをだす人もいる。イワナはまだまだ掛かる。魚止ノ滝のすぐ下まではザイル徒渉、ザックピストン、懸垂下降と続く。

魚止ノ滝以遠にはその昔（集中豪雨以前）、7年連続で毎回30尾前後のイワナを再放流していたものだが、集中豪雨以後は試していない。魚止ノ滝以遠はわりあい楽な遡行が続く。変貌した沢を感嘆しながら遡行すると、流れがZ型に蛇行している所に出た。両岸の壁と壁に流れがぶつかって小滝が続き、我々に通行止めをしている。小滝といっても急な小滝群で流れはきつい。昨年の遡行ではこんな場面はなかったはずだが……あるものはしょうがない。

対岸までジャンプできそうな場所を選んで、滝の袖を目がけて空身で跳んだ！　着地は成功した。が、若干後ろによろけた。途端に滝の爆水をモロに受けて流された！

「いけね！」なんて駄洒落が出る場合ではない。なすすべがなく2、3段も続けて流されたような気がした。緩流帯で辛うじて止まり、あわてて対岸に這い登った。

若干右足の膝が痛かったが、気が張っていたせいか打撲くらいだろうと思っていた。ドジを踏んだのを苦笑いでごまかし、ザイル徒渉ができる所まで戻って全員を対岸に渡した。メデタシ、メデタシ……で、終わるわけがない！　それからが地獄の痛みの始まりだったのだ。

その先は幸か不幸か、幸いジャンプや飛び込みなどの足に負担をかける所がなく、ただ遡行するだけ。だがだんだん、痛みが強くなってきた。この時、幸運というか不思議というか、仲間に外科医の先生がいた。すぐに診てもらい痛み止めをもらって飲んだ。これで助かった……。

なんとか支流の水谷に入り、いつもの泊まり場にタープを張った。それで痛みも忘れて、いつもの焚き火で宴会となる。人間とは愚かなものである……。

一晩寝たら少しは楽になるかと思いきや、ますます痛みが激しくなった。これはヤバイのではないかい？　そう思いつつ、平気な顔を装っていた。翌日の行動は標高差約１０００ｍもあり、ゴルジュも大滝もお花畑もある。

「まいったな～」と思いつつ出発した。ゴルジュは気を張って登ったが、右足の小指に加重がかかると「ギャッ！」となる。この痛さは快感と紙一重……。ヒザも荷重がかかるとまた「ギャッ！」となる。これは困った。

大滝（30ｍ）は右側のルンゼ状の箇所をシャワークライミングするのだが、トップを交代してもらい越えた。詰め間近のお花畑には慰められたが痛みは治まらない。

朝日小屋ではオーナーのゆかりさんが快く迎えてくれ、酒とビールを腐るほどサービスしてくれて非常にうれしかった。夕食は頑張ってとり、部屋に戻ったらバタンとなった。翌日は私が動けないので小屋に残り、仲間は立派な登山道で下山した。

ゆかりさんは心配してくれて何度も県警のヘリを要請。しかし、台風が近づいているので飛べないという。

午後4時ごろに雲の切れ間を縫ってヘリが来てくれるという連絡があった。急いで身支度をし、小屋前の広場まで出たらヘリが目の前に来ていた。ヘリコプターには生まれて初めて乗った。こんな形では乗りたくなかったが、なぜかうれしかった。

たった15分で登山口の北俣小屋が見えてきた。朝に下山を始めた仲間はもうとっくに着いていると思っていた。それから5分くらいで黒部の病院の屋上に着いたらストレッチャー（担架）が待っていてすぐに診察室に運ばれる。レントゲン撮影の結果は、右ヒザと右足小指の付け根の骨折だった……。

処置を受け病室に運ばれたら一緒に遡行した山仲間が全員で来てくれていた。涙が出るほどうれしかった。ゆかりさんと山仲間とヘリに大感謝した山行であった。

Accident File 92.

真冬の磯海漂流！

ズドンという衝撃と、岩の上に立ったままズズッとずれていく足裏の感覚が今でも鮮明に残っている。何が起こったか分からないまま、次の瞬間には海中に投げ出されていた。

体験者 **平井幹二**

1949年生まれ。神奈川県在住。20代の頃にはヒラマサやメジナをねらって三宅島に釣行を重ねた。夏はアユ、冬はメジナを追う。『相模友釣り同好会』、『GFG神奈川支部』、『関東メジナ研究会』所属。

マジで死ぬかと思った度★★★＋☆（転落の分）

真鶴半島は我が家から1時間半、60㎞ほどの道のりである。私にとっては気軽な楽しみの場所であり、釣技を磨く道場だ。その半島の釣り場の中でも、最先端に位置する三ツ石は別格の魚影を誇っている。

ここは西湘海岸から真鶴半島の先端に、M字型に遠望できる岩礁だ。半島の最南端からさらに南に５００ｍほどの水没する岩礁帯と、その先の２００ｍほどの岩礁で構成されている。潮位が高いと中間の岩礁帯が水没してしまい、自由に往来できないという制約がある。潮位90㎝までは、水中のゴロタ石の上を渡り歩いて何とか往来できるが、それも日中の海中が視認できる時だ。

本年（２０１１）２月20日の出来事だ。２週間前の６日には三ツ石で40㎝オーバーを夕マヅメに釣っている。釣行すれば釣果は確実と思い出掛けた。

当日は小潮回りで、干潮が14時30分頃で潮位が30㎝。そこから徐々に潮が満ち、18時頃には80㎝に達するはずだ。日没が17時半で、マヅメまで釣ると潮位がやや高く、帰りに多少濡れることは覚悟した。当日の天候は晴れで微風、ただしはるか南海上を低気圧が通過していた。

往路途中の西湘海岸には、穏やかな天候のわりにはウネリと白い波が打ち付けていた。低気圧の影響と思ったが、気にかけるほどでもない。エサを購入し、低潮位の水没帯を難なく通過し、三ツ石には12時前後に着いた。広い三ツ石には先着の釣り人が２人いた。熱海側右端に１人、小田原側の中間部の高台に１人。高台の釣り人と言葉を交わすが、小メジナの入れ食いとのこと。

私は小田原側の先端部の足場のよいテラス状の釣り座を選択した。この釣り座は東側・小田原側に面したワンドの入口に位置する。高台の釣り人のワンドとは20mほどの長さの細い稜で仕切られていて、常にその釣り人が視野に入る。しかしこの釣り座も25cm前後の小メジナの入れ食いが続き、結果をいうと夕刻まで型は全く上がらなかった。

14時30分を過ぎ、上げ潮に変わるとウネリは徐々に高くなっていった。私は東に向いてサオをだしていたが、ウネリは南方向からで、溝状のダラダラとしたカケアガリを這い上がってきていた。やがて大きめのウネリは、時折私の後ろを通り過ぎるようになっていた。

17時。視野に入っていた高台の釣り人が消えた。帰るのだなと思ったが、驚いたことにまた現われ、釣りを続けている。潮位と時間を考えると、かなりしつこい釣り人だなと思ったが、これが私にとって最大の幸運だった。

やがて辺りがスッと暗くなった。振り返ると箱根の山に日が落ちた瞬間だった。時計を見ると17時15分だった。

寄せエサの残りも少なく、小メジナのまま終わってしまうのかと私は焦っていた。帰りの潮位が気になっていたが「デカイのを一発」と念じつつサオをだし続けた。

その時南方向からやや大きなウネリが這い上がってくるのが見えた。それまでも何回か大きめのウネリをやり過ごしていたが、このウネリも、最大這い上がっても、せいぜい膝下くらいでやり過ごせると楽観していた。ただし、念のために右手のサオだけでなく、左手にバッカンを持ち、左足でタモ網を押さえてウネリに備えた。私の頭には全く危機感はなく、念のためにウネリに備えただけだった。ウネリを注視することもなく、ウキを見続けていた。

ズドンという衝撃と、岩の上に立ったままズッとずれていく足裏の感覚が今でも鮮明に残っている。何が起こったか分からないまま、次の瞬間には海中に投げ出されていた。頭からは水がしたたり落ち、一瞬キョトンとして辺りを見回した。海中の自分はプカプカと浮いて強いサラシに乗り、頭だけを出して沖へと流されている。

その時、海面の低い位置から見上げる薄暮の岩礁帯は黒いシルエットとなり、見慣れたいつもの景色と全く違う印象を受けた。海側からはこんなふうに見えるのだ……などと、呑気なことを思っていた。そして直後に「あー、俺、海の中にいるんだ、シマッタ」と、今自分が置かれた状況を把握し驚いた。馬鹿げているが、遠ざかる陸地にちょっと前まであそこに立っていた自分を思い、時を巻き戻せないかと後悔が湧いた。しかし、現実は不変だ。

すぐに最悪の事態だということは理解できた。日没後なので付近を通る船がない。日中であれば三ツ石先端は漁船や観光船の通路で、ひっきりなしに船が通り、しばらく泳いでいれば拾ってくれるだろう。が、この時間では皆無だ。そして、水温は14℃。長くは海中にいられない。さらに、ウネリで海は大荒れだ。絶望的な状況に、死を覚悟せざるをえなかった。

「享年60か、あっけないもんだ」

そんな思いがよぎる。さらに次々と思いが湧いてくる。まず、不思議なことに職場のことが思い浮かんだ。一番忙しい時期でもあり、「月曜日の職場は大騒ぎだな」と仲間の顔が浮かぶ。次に、

4月からは退職で暇になるので身体を鍛え直して、釣りの技術をもう一度磨こうと思っていたが、「それもできないなー」と……。

また、うちの奥さんと子どもは2人ともしっかりしてるから、「まあ、俺がいなくても大丈夫だろ」などとも考えた。そして何より一番癪《しゃく》だったのが、1月から禁煙していたこと。

「なんだ、全く意味がなかったじゃないか……」

こんな残念（?）な思いが、短時間に頭を巡った。

しかし一方で「本当に死ぬのか?」と、自分の死を信じられない気持ちもあった。すぐに自分は落ち着いていると言い聞かせ、この状況で何ができるのか、最善を尽くそうと思った。

まずは、今できることを考えた。とりあえず右手には釣りザオを握ったままだったので、決して安くはない「インテッサ」は残念だったが、右手を離した。次に泳ぐために磯ブーツを脱ごうと思った。幸い地磯用のぶかぶかのブーツだったので簡単に脱げた。また、とにかく海水を飲まないことと、気管に海水を吸い込み咳き込むことを避けようと思った。

しかし、これ以上の考えは浮かばない。とりあえずしつこく1人残っていた釣り人のほうへ泳ぎ始めた。サラシに乗って40mくらいは沖に流されていたが、幸運なことに当て潮が泳ぎを助けてくれたので、泳ぎがあまり得意ではない私でも彼の下に労なく泳ぎ着けた。

しかし、彼の立っているところはワンドの奥、5mほどの垂壁の上だ。ワンドの中は横からのウネリがひっきりなしに押し寄せ、渦を巻くように荒れていて、まるで洗濯機状態。なんとか浮かびながら彼に「ロープ投げて」と切れ切れに頼むが、「短くて届かない」の答え。

しばらくはウネリと波に翻弄され続けていたが、私にはこれ以上どうしてよいか全く分からなくなっていた。その間、時として波に巻き込まれ、水没してしまう。

「浮かび上がるまで、じっと我慢だ」と思い、苦しい呼吸を我慢する。しかし、飲まないようにしている海水も徐々に飲み込み、次第に腹に溜まっているのが分かる。

彼の釣り座のワンドと私の釣り座のワンドを隔てている稜が20ｍほど出ているが、その付け根に1ヵ所低い部分がある。通い慣れた私には熟知の地形だ。彼がその「低い部分から波に打ち上げられて、反対に落ちるしかない」と声をかける。しかし、打ち寄せる波に抗って岸に近づくことさえ、私には不可能なことと思えた。

そしてなんとか岸近くに留まっていたが、やがてまたサラシに乗せられて沖に運び出されてしまった。この瞬間、「あー、今度こそ終わったな」と感じるとともに、遠ざかる彼に「お別れに手でも振ろうかな」などとお茶目な考えが浮かんだ。そうすれば最後まで人を茶化していた、と伝えてくれるかな、などと下らないことを思った。

しかし私の幸運は尽きなかった。サラシの先端まで流されたが、また当て潮に助けられ、岸近くに難なく戻れたのだ。だが、やはりどうしてよいかは分からない。ただ漂っていた。どれくらい経ったか、体力を奪われ、しだいに頭を出して泳いでいるのがつらくなり、身体が徐々に沈んでいくようにも感じられた。そろそろ限界かな……。

その時、高い岸壁に立っている彼から、「今海が静かだよ、沖にも波がないよ」と声がかかった。浮いていることで精一杯になってしまっていた私には、そんな状況は全く分からない。だが、その声を聞き気力がみなぎる。

これがラストチャンスと思い、稜の鞍部に向かい思い切り泳いだ。その鞍部が見えていた記憶はない。だが熟知していた地形と彼の立ち位置から、方向は分かった。懸命に泳ぎ着くと、波が静かだったので彼も降りて来て、水バケツのロープを投げてくれた。そのロープを右手に一巻きすると同時に、今まで空しく水を掻いていた両足が、確かに岩に乗った。そして、ロープを頼りに力を振り絞り、鞍部を越えて腹ばいに倒れこんだ。

「陸地だ」と、私は心から実感した。

しかしそこはまだ反対側のワンドの奥であり、波が打ち寄せる可能性がある。彼が「ここは危ないから上に行こう」と言う。だが、その時私は気がついた。両手を動かそうとしても、鉛のようで全く動かない。全身にまるで自分の意思が伝わらないのだ。自分の身体ではないようである。また、泳いでいる時には全く感じなかったが、呼吸もひどく荒かった。私は「少し待って」と、ようやくのことで言葉を絞り出した。

しばらく後で、のろのろと岩の頂上まで這い上がり、なんとか安全な場所に着いた。それを確認した彼は、自分の荷物を片付けるといい、その場を離れた。私も次に何をしてよいか分らなかったが、いつまでも寝ているわけにはいかない。とにかく岩の上に立ち上がった。ところが立ち上がった途端に、まるで1本の鉛筆が倒れるように頭からまっ逆さまに2mほど転落してしまった。なんとか手でカバーしたが、顔面右半分に派手な擦過傷を負い、ここで自分の体力の限界だったことを悟った。

すぐに彼は自分の荷物をまとめて戻ってきた。私の荷物は50mほど離れた私の釣り座の後ろの高みにあり、バッグはチャックを閉めていないまま波に転がったようすだ。そのバッグには車のキーや財布が入っている。途中の低い部分は波で洗われていて、とても自分では取ってこれそうにない。残っているものだけでもと、彼に頼んで取ってきてもらった。背負子、バッグ、ロッドケースは残っていた。車のキーと財布は水溜りから拾ったとのこと。

ところが彼は荷を取ってくるなり先に行くといい、さっさと行ってしまう。考えれば当然で、刻々と潮位は高くなっており、ぼやぼやすれば彼自身が三ツ石に取り残されてしまうのだ。あたりはすっかり暗くなり、1人残された私は途方に暮れたが、とにかく荷物をまとめて直して背負子を背負い、ロッドケースを持って歩き出した。

ところが身体がまだふらついて上手く歩けない。おまけに靴を脱いでしまったので、右足には靴下が残っているものの左足は素足だ。水没帯の潮位も高くなっているだろうし、ヘッドランプもない暗闇では石伝いに行くこともできない。そもそも石伝いに飛び歩く体力がない。おそらくヘソくらいまでは水没してしまうだろう。

こんな状態でとても水没帯を渡り切る自信はなく、立ち止まっては考え込んでしまう。翌朝まで留まるか、今渡り切るかの、二つに一つだ。しかし全身がずぶ濡れで、翌朝の予想気温は3℃と分かっていた。ライターもなく火もおこせない。三ツ石に残れば凍死してしまうだろうと予想できた。

そしてまた、私はのろのろと歩き出すのだった。

しかし、それでも何度か立ち止まり座り込んでしまう。つい、ここに留まり、翌朝の低水位を待とうなどという安易な方向に考えが流れてしまうのだ。

何度か逡巡した結果、留まれば凍死だ、と心が決まった。ようやく疲れも回復してきて、足取りも多少しっかりしてきた。何がなんでも、できるだけ早く水没した岩礁帯を突破しなければならないと思った。決心がつくと、身体を軽くするために転落で擦り切れたライフジャケットを脱ぎ捨て、逡巡する心を振り切って、一直線に水没帯に入っていった。

暗闇の海中は全く見えず、ルートは捜せない。水位は予想どおりヘソくらいまではあった。初めはロッドケースと両足の三脚で、ただ真鶴半島本体の方向に直進した。小田原側からの岩礁に砕けたウネリは、時折私を押し倒そうと押し寄せる。転倒すれば軽くなった衣服がまた重くなり、致命的な結果をもたらしそうで、なんとしても倒れずに進もうと思った。ロッドケースが水圧を受け、自由にならない。そこで中に1本だけ残った予備ザオを抜き出し、ロッドケースを捨て、そのサオに体重をかけながら夢中で進んだ。

ひたすら無心で歩いたが、しだいに海は浅くなり、危機が去っていくのを感じた。水がなくなり半島を巡る遊歩道にたどり着くと、そこには彼が待っていてくれた。

「帰ってこなかったら、海上保安庁に届けようと思っていた」。川崎のMさん、本当にありがとうございました。

今回、私は幸運だった。当て潮で沖に流されなかった、泳ぐために磯ブーツがすぐに脱げた、そして何より彼が残っていたことで3つの幸運が重なった。このうち何が欠けても生還できなかった気がする。

常日頃から私は「波が読める」とうそぶき、自信過剰だった。そして2月の海に落ちるのは、これで3回目だ。前の2回は、落ちても死ぬようなことはないと予想して、無理を重ねたうえの転落だった。しかし今回は違う。全く予期せず、しかも決して落ちてはならない状況で落ちた。この出来事は私のトラウマとなり、以降自然とウネリに恐怖心が湧き、慎重にならざるをえなくなった。少しはまっとうな釣り人になれた気がする。そして傷だらけの足と顔面の痛みに耐えつつ車を運転して自宅にようやく帰りついた当日、私の形相と顛末《てんまつ》を聞いた妻は一言、

「もう1人で行くのはやめたら」と静かに言ったのみだった。

ところが私は……。懲りない男なんである。

Accident File 93.

ブレイクライン崩壊！

対岸の土手の草に引っ掛かってしまった仕掛けを回収するべくパンツ一丁で川の中へ。ライン伝いに前進して行き、あと少しのところで悲劇は起きた。

体験者　高井主馬

三重県桑名郡在住。ルアーブランド「ラッティーツイスター」代表。ヘビータックルにフロッグルアーでライギョをねらい、そのスタイルは幼少の頃から続いている。釣りは「楽しく」「感覚的に」がモットー。

マジで死ぬかと思った度★★★

小学校高学年の頃だった。

チャイムが鳴った。学校が終わると毎日が川遊び。駆け足で家に戻り、ランドセルを放り出し、サオやタモを握っていつもの仲間3、4人といつもの河原に全員集合する。自分はキャスティングの練習も兼ねて、買ってもらったばかりのベイトタックルを持参することが多かったのだが、その日はなぜかスピニングタックルを握っていた。

よい天気で、いつもよりはしゃいでいたと記憶しているが、釣りのタックルを持参してきたのは自分1人であった。この日のターゲットはコイ。パンでコイを釣ることも知らなかった当時はミミズに1本バリが自分たちの定番。オモリはジェットテンビン。ジェットテンビンはキャスティングの下手な仲間たちにとって、魔法のような遠投グッズである。

タックルをセットしていざ釣りを開始といきたいのだが、誰もが我先にとロッドを持ちたがる。気持ちはみんな一緒。キャストしたい、釣りしたいのだ。困った……。

「あいつら、なんでタックルを持ってこなかったんだ」

いらだちはしたが、仲間の中でも比較的知的な男がジャンケンで順番を決めて解決してくれた。運のない自分はオオトリ、つまり最後である。自分でタックルを持ってきたのに最後。腑《ふ》に落ちないが、みんなで決めたルールである。

釣り場の川幅は20～30m。釣り座は瀬尻より少し上流で、釣り座より下流は少し緩やかな流れが50mくらい続き、また瀬が構えている。

釣り開始。というか、エサもハリも付けていない、ジェットテンビンのみの装着なのでキャスト開始である。一番目の子はキャストにも慣れておらず、立ち位置の５ｍほど先に着水。二番、三番とキャストをすませたが、みんなの意気込みに比例することもなく距離は延びない。すぐに自分の番がやってきた。いつの間にか、自分の気持ちは競技に変わっていた。

「みんなより遠くに飛ばしたい」。気持ちを落ち着かせてキャスト。もちろん自分のタックルなので勝手は分かっている。スプールから放たれたラインは自己最高ともいえる距離を叩き出した。仲間も驚いている。とても鼻が高く、気分は最高潮であった。

が、ちょっとした問題が起こった。最長飛距離を出したまではよかったのだが、仕掛けが対岸まで飛んで行ってしまったのだ。そして運が悪いことに土手の草に引っ掛かっている。最初はラインを切ろうと思ったのだが、ジェットテンビンがもったいないのもあって、即座に取りに行くことを決断。友人にサオを持ってもらい、自分はズボンを脱ぎパンツ一丁で、手でライン伝いに前進していった。

流れの押しは強いものの、水深はせいぜい膝下くらい。それでも子どもながらに注意して対岸を目差した。ラスト５ｍに差し掛かった時、目の前に砂で形成されたブレイクラインが見えた。その向こうは水深が分からない。でもとりあえず、行ける所まで行ってみようと先端まで足を進めたその瞬間……。

砂で形成されているブレイクラインが突然崩れた。そして、自分も崩れた砂と一緒に川底付近まで一気に引きずり込まれてしまった！

何がなんだか分からずパニック状態。息を吸うと水が入ってくるし、足は着かないし、どちらが上か下かも分からない。そんなふうにもがいている時間が数秒か数十秒か、どれくらいだったのか分からないが、途中でもうダメかもと思い、力が抜けて意識が遠くなっていった。

しかし、奇跡が起こる。意識が薄れていく中、神様が助けてくれたのか偶然なのか、足が地面に着いたのだ。歩くという感じではなく、這い上がるといった表現が当たっているだろうか。気が付けば、ようやく岸に這い上がれたのは釣り座から50ｍは下流の場所で、次の瀬の手前にある反転流のところだった。

しばらく呆然。友人たちはそんなに下流に流されているとは分からず、溺れた付近を捜してくれている。やがてその中の１人が自分に気づいて、みんなが駆け寄ってくれた。

「死んだかと思った」

友人たちからの第一声である。それはこっちのセリフだと思ったが、口にできるような余裕などなかったのはいうまでもない。今となっては、生きているというより、生かされたのかなとも思っている。

そして時は流れ、現在はマス釣りも好きでよく川に行くのだが、同じようなシチュエーションは多々ある。ポイントとしては魅力的なのだが、もちろん近づかないし、最悪のことも想定しながらブレイクラインの２ｍくらい手前で躊躇《ちゅうちょ》する自分がいる。

あれからもう35年近くが経った。実家には時々帰る。そして、車で実家近くの橋を渡る時にいつもその瀬が見える。昔より川幅は広く、整備されて全体的に浅くなり、溺れた瀬も小さくなってしまったけれど、経験した一部始終は今も鮮明に覚えている。

Accident File 94.

岩盤崩落！

残雪期の渓流釣り。雪が緩み、河原を歩くと時折、腰までズボッと埋まり抜け出すのに難儀する。しかし緩んでいたのは雪だけではなかった……。

体験者 浅利浩生

秋田県秋田市在住。本職は甘いものに囲まれるパティシエながら、幼少からテンカラ釣りに親しみ、その後に出会ったフライ歴も30年を超え、ひたすらヤマメを追う。クマに間近で遭遇した時には身体が固まって何もできなかったという経験も。

マジで死ぬかと思った度★★

落石といえば、普通、林道における落石に注意する。特に春の雪解けの時期には車を停める場所もよく考えるが、釣りを終えて、車に戻ったら朝にはなかった石が道ばたに転がり、たいした大きさでもないのにビクともせず、仕方なく下流の集落まで歩くことになった……程度の話はよく耳にする。ただ、今回の話は遡行中の落石のほうである。

今年（2014）、北秋田の渓でのこと。ここ数年、私の解禁釣行は大館市でフィッシングガイドをしている友人の誘いで、渓流のルースニング（川虫を模したニンフフライにマーカーを付けて行なう釣りのこと）に出かけることが多い。私にとってこの釣り方は、比較的最近になって始めたものなのだが、ドライフライで魚が釣れるようになる前の時期から楽しめるのが何よりのメリットだ。だいたい、ゴールデンウイーク頃までの楽しみとなっていて、このおかげで東北の短い釣りシーズンを、昔より1ヵ月ほど長く楽しめるようになった。

河原には昨年ほどではないがそれでも両岸に1m50㎝くらいの雪が残っており、ほとんど雪の中に埋もれた中での解禁だった。

流れの色はジンクリアで、まだ雪代前といった感じである。底石のひとつひとつが手にとるように見え、清らかな流れに蛍光色のマーカーを浮かべ、ガイドに案内されながら友人と交代で釣っていく。釣り2日目だったこの日、朝から細かい雨が降るあいにくの天気だったが、それでも良型のイワナ混じりで銀白の春ヤマメも釣れた。

春の北秋田釣行もそろそろ終わりが近づいていた。この時期、帰路の林道歩きはカンジキ、スノーシューを履くのが有効だが、さすがに遡行中はそうもいかずけっこうな頻度でズボッと雪に埋まる。腰まで埋まると、今度は抜けるのが大変だ。

雨のせいで雪もゆるんできたようで、午後2時をまわると同行の相棒も、「疲れたしー」と音をあげだした。

「同感だな！　このあたりでそろそろ切り上げようか？」と話すも、ガイド役の友人はすでに上流のプール下手、右岸の雪の上で、ビデオカメラを構えて待っている。

「ようし！」と残雪の上を、上流のプールまで歩いた。だが、さあもう少しで流れに降りるぞという時に、またもやズボッと腰まで埋まった。

なかなか抜け出せずに、気を取り直し、ふたたび踏んばったまさにその時だった。目の前で、ガガガーン！　と頭上の岩盤上部が崩れ、なんと垂直に大岩が剥がれ落ちてきたのだ。瞬間、プールのヒラキに大きな水柱が立ち、聞いたこともないような轟音《ごう》が渓に鳴り響いた。これにはさすがに肝を冷やしたというか、ただ呆然と濁流と化した流れを見ていた。

「はあ〜？」

こんなこともあるのか。私が雪に埋まった直後を待っていたかのような落石。しかも、これから自分が立ったであろうまさにそのポジションへの直撃だ。ただひたすら驚愕。運がよいのか悪いのか？　いや、幸運というべきであろうと友人たちは口をそろえたが、やはり、雨の中、雪深い谷をここまで釣り上がってきた欲深い釣り人への山の神の怒りなのか？　なんて話をした。

釣りは素直にここでやめた。もう少し釣ろうか？　なんて気は、あの大岩のように砕け散っていたのだ。

あと1尾、という魚への執着心こそ、釣りの技術向上には不可欠なのだろうが、危険を招く芽となることも多い。深追いはくれぐれも禁物と、肝に銘じたシーズンのスタートだった。

Accident File 95.

滑落！

ロープを使って下降するところを捜そうと身体を反転させた時、突然バランスを崩した。あわててつかんだ草はべろりとはがれた。そして私は速度を増しながら落ち始めた。

体験者　服部文祥

神奈川県横浜市在住。山に極力余分な装備や食料を持ち込まず、現地調達をベースに歩き続ける「サバイバル登山」を実践する。96年から山岳雑誌『岳人』編集部に参加。山では主にテンカラスタイルの毛バリ釣りを用いる。最新刊『ツンドラ・サバイバル』（みすず書房）ほか著書多数。

マジで死ぬかと思った度★★★★

登山ではともかく、釣りではたった1回を除いて大きな事故を起こしたことがない。その1回がテレビ番組「情熱大陸」の取材中だったので、全国的に知れ渡ってしまった（2010年10月末放送）。登山事故という観点からの報告は、山岳雑誌『岳人』に執筆したので、ここではほかの方面からの話をしたい。

事故はサバイバル登山中に南アルプスの聖《ひじり》沢を、釣りもしながら遡行していた時に起きた。前聖ノ滝沢出合付近でイワナを数尾釣り、それを刺し身にして食べ、本流にある滝を巻こうと岩壁に取り付いた。だが、側壁は灌木が生えているものの急峻。そこでうまく渓に戻れるところを見つけたかったがかなわず、ロープを使って下降するところを捜そうと身体を反転させた時、突然バランスを崩し、気が付いたら岩壁にへばりつくようにずり落ちはじめていた。安いドラマでときどき、ビルの屋上に腕だけでぶら下がるシーンがあるが、それに似ていた。主人公ならばうまく窮地を脱し、悪役なら落ちる、もしくは改心して助けてもらう。私は落ちる悪役だった。

目の前にあった草をつかんだら根っこごとべろりとはがれた。あわててその奥の草をつかんだが、それもべろりとはがれた。手がかりのない状態では身体とザックが重力にひっぱられるのを抑えることができず、ずるずると速度を増しながら落ち始めた。

最初はまだ落ちる態勢を制御する余裕があったが、それも数m下の岩の突起までだった。突起で少しはじかれるように態勢を崩し、ごろごろと岩壁を落ち始めた。

その先はよく覚えていない。気がついた時は流れに半分身体をつけて倒れていた。うまく動かない身体を、無理に動かして、流れから這い出して岩棚に座った。どこかが痛い。だが幸い、大きな機能障害はないようだった。一息つくと、左の肋骨を激しく打ち、頭に裂傷があって血が流れているのが分かった。

下山後に分かった医学的な所見を並べると、肋骨の複雑骨折、それに伴う肺の血気胸、頭部の裂傷となる。現場では左の肋骨が痛く、頭が切れているということしか分からなかった。思い返せば、すこし歩くと呼吸をするのがつらかったが、肺が破れて血が漏れていたのだから当たり前である。それでも、ゆっくりなら、なんとか歩くことができ、痛みをこらえてバスに乗り、静岡の病院にいくと即刻入院だった。

この出来事は、多少トラウマになってしまい、翌シーズンからは渓で斜面をトラバースする時に、足がすくんで身体が思いどおり動いていない感じがした。まず沢登りにおいて、しっかり自信を取り戻したいと思い、長期的な計画を立てて体力的なトレーニングを行なった。そして、釣り的なダメージもあった。滑落の直前にいい型のイワナを数尾釣り、それを刺し身で食べた。その時、私は向けられたテレビカメラに向かって、「こんな殺生をして、罰が当たるぞ」といった内容の発言をしていたのだ。

サバイバル登山とは、食料や燃料を山の中で調達し、できる限り登山道や山小屋を利用しない長期登山を差している。事故のあった日は登山7日目、ちょうど昼食用に釣ったイワナであり、食料計画どおりの殺生だったわけだが、それでも我ながら、9寸のイワナを3尾も殺して食べるのは、ぜいたくに過ぎるのではないかと感じられた。

目の前に登りにくそうな滝があり、それを登らなくてはならない今、運を悪くするようなことはしないほうがいいのではないかと思ったのである。殺した魚に足を引かれて落ちたりしてね、などと考えてしまったのだ。

そういうゲン担ぎや迷信めいたことを私は全く信じない。渓流仲間は「魚止の主を殺すと大雨になる」などというが、1人の人間が、1尾の魚を釣ることで、自然現象に影響を与えられるはずなどあるはずがない。

人の過剰な欲を押さえる諫言《かんげん》なのかもしれないが、私はそこに人間の過剰な自意識を感じてしまう。1人の人間の存在など、自然環境にとってはほぼゼロであり、環境は生命体の感情や祈りに全く作用されない。だからこの世は面白く、釣りも面白いのである。魚を殺した人に不幸が訪れるなら、漁師さんはみな不幸になってしまう。生きものの命を奪うことになんらかのマイナスがあるなら、カマキリやブラックバスやライオンなどのプレデター（捕食者）には、みな罰が当たる。ちなみに、日本では豚を年間1200万頭近く屠殺している（農水省の統計より）。牛は桁が1つ少なくなる。鶏は分からない）。日割りにすると、毎日、4万から6万頭の豚が日本全土で殺されている計算になる。それでも我々になぜか罰は当たっていない。

そう分かっているのだが、殺生に伴う負の感情も止められない。だから事故後、頭に浮かんだ「大きいイワナをたくさん釣って殺したから落ちたのかな」という思いも、私の中でゼロにすることはできなかった。それが事故の釣り的なダメージである。このままでは、渓の中で大きいイワナを釣って食べるたびに、その先の行程でびくびくし、身体能力が落ちるかもしれない。

釣り的なダメージを払拭したい。そこで私は考えた。

「たくさん大きなイワナを釣って、殺して食べ、その先で滝をきっちり登ろう」

我ながらトラウマを逆手にとって、殺生を正当化しているだけのような気もした。だがなんにせよ、渓に向かう口実ができたのは確かである。どうせなら、事故現場である聖沢にもう一度行って、たくさん釣ったあとに同じ滝を登ってみるのがいいかもしれない。自分がなぜ落ちたのかを客観的に検証できるし、事故現場をちゃんと登るのが、トラウマを克服するのには一番効果的なはずだ。

けっして、前聖ノ滝沢出合で釣ったイワナたちの釣り味をもう一度味わいたいからではないし、ケガをしたあとよろよろと歩いた聖沢の上流部で大きなイワナを数尾見ていたからでもない。

だが、樹の被っていない谷はテンカラザオも振りやすく、渓の傾斜が微妙で、素晴らしい釣りだった。あそこでもう一度ゆっくり釣りができるなら……。

結局、トラウマ克服事故検証釣行は登山そっちのけで釣りにいそしんでしまった。信濃俣河内《しなのまたがっち》から入渓しようやく3日目に魚止の滝に到着。「情熱大陸」で映っていた41cmの大イワナを釣った場所である。手前から20cm刻みに毛バリを打って、39、33、30と釣りあげた。トラウマ克服のためにすべて殺して食べる、はずだったが、一番小さな尺イワナを流れに戻し、大きな2尾を刺し身にした。

翌日、聖沢に降り立ち、一晩過ごした後に、事故現場に向かった。渓には記憶より滝が多かった。

魚も多かった。数が分からなくなるほど釣れた中から1尾の腹を出し、軽く塩をしてザックに入れた。これを背負って事故の滝を越えられれば、トラウマは克服である。ただ、雲行きが怪しくなり、ゆっくり現場検証をしている時間はなさそうだった。

それでも落ちた場所を確定し、前年に山に置いてきた自分のザックを回収することもできた。肺を傷めながら歩いた部分で確認したポイントには、また同じサイズのイワナが入っていた。積乱雲がどんどん頭上に広がっていたが、一年間心に引っかかっていたポイントである。サオをだして、毛バリを打った。イワナは反応したが、アワセが早く、釣り落としてしまった。しまったという思いになぜか、これでいいんだという安堵感が混じっていた。

赤石沢奥赤石の魚止では上から下降して滝つぼをのぞくと、そこに尺上が3尾見えた。手の細かい震えが止まるまで深呼吸をしてから、サオを延ばした。

一番大きなイワナの前に毛バリを打つと、すこし小さなイワナが食ってしまった。暴れる前にと、ハリスが切れるのを覚悟でゴボウ抜きした。32㎝だった。尺上をゴボウ抜きしたのは初めてである。ふたたび手の震えが止まるのを待ち、次の打ち込みに一番大きいイワナが食いついた。

暴れるままにさせ、サオを立てたまま慎重に滝つぼの横の岩場を降りた。42㎝。「ようやくでたな」と誰もいないのに声に出していた。その後も多くのイワナが釣れたが、もう刺し身は飽きた。それでも食った。なんといっても目的はトラウマ克服事故検証釣行なのだ。大きなイワナを釣って、食べたうえで、健全な釣行を続ける。その時点でメモ帳を見ると尺上16尾。それをほぼ全部食べて8

日目だった。

　あと2日以内に街に帰らないと会社をクビになる。さすがにもう充分だろう。山釣りの神様にも、私の意気込みは伝わったはずだ。肺をつぶされたくらいではへこたれない。私は釣って食って登る。そしてときどき源頭放流だってする。

　やっぱり山釣りはいい。すこしでも永く、五体満足で健康を維持し、渓の音を聞きながら、イワナを釣ろう。それをたき火の横で刺し身にして食べよう。何も気に病む必要はない。それが私の釣りだ。そして私の生き方だ。五蘊皆空《ごうんかいくう》、命は命が支えている。いつか私の肉体も何かの命を支えるだろう。

Accident File 96.

ハリが目に！

ハリ外し棒を掛けて手首をくるっと回したその瞬間、激痛が！　風船のように目がしぼむなどという事故が、まさか我が身に起ころうとは。

体験者　塩月政範

大阪府在住。ネットワーク関連のソフトを提供する会社を経営しながら、休日は堤防から磯まで海釣りを広く愛好。長く淡水の釣りには縁が薄かったが、近年ヘラブナ釣りを知る。

マジで死ぬかと思った体験談★★★★

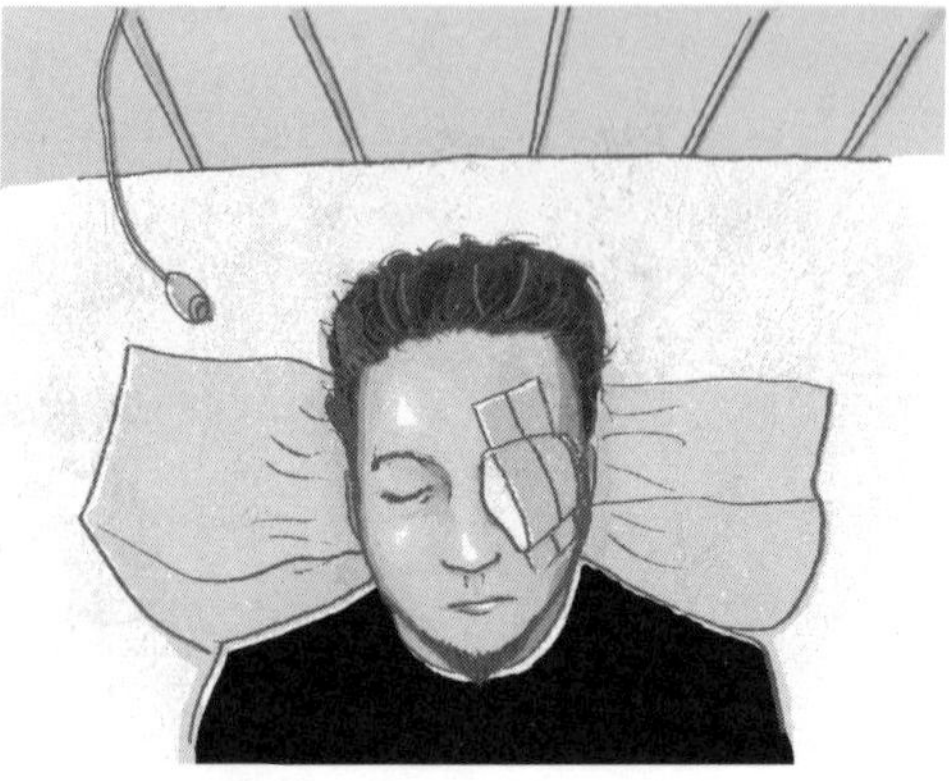

釣りは自然相手の遊び。人間なんて自然の中では米粒の欠片ほどもないので、釣りに行く時は常に危険と隣り合わせだと思っている。

私は普段、磯釣りをメインに和歌山県の磯によく釣りに行く。まず注意するのは天気だ。天気図や波浪情報などは釣行の数日前からチェックし、出掛けるかどうかを判断する。釣りを始めた当初は全く気にしていなかったが、突然の天候変化で全身がずぶ濡れになったり、海が時化だして転覆しそうな状態の船に乗ったりと、何度も肝を冷やす経験をしていくうちにそれが変わっていった。最近は情報が簡単に手に入るので、天候変化による大きなミスというのは回避しているが、予測できない危険はまだまだたくさんあるのだ。

磯釣りではほかにも、岩場で転倒して落水しそうになったり、翌朝までとおしで釣りをしていて、夜中に突然の雷雨となって岩の窪みで雷に怯えながら一夜を明かしたこともある。やはり、一歩間違えば大きな事故になりかねない。

普段心掛けているのは、釣りの荷物の中に、落水時の救助用ロープ、簡易シート、救急セットなど、重たくはなるが必要だと思うものを入れることだ。

昨年、クエ釣りに行った時には、高校生の息子が外道のウツボで怪我をした。口からハリを手で外そうとしている時にかまれ、指先が裂けてしまい、防水テープと伸縮包帯を使ってその場で応急処置を行なった。この対処法はナイフで手を切るなど、切り傷をした時は止血効果が高い。それでもこの時は病院で5針縫うことになった。

自分も、タチウオ釣りでルアーに掛かったタチウオを外そうと、イトが張った状態でハリを外した瞬間、そのハリが人差し指に突き刺さってしまったことがある。その時は遠のく意識と戦いながら、ペンチでバチっと外した。

このように、磯釣りや船釣りでは、恥ずかしながら人為的な事故の経験はほかにも今まで多々あるが、まさか最近やり始めたヘラブナ釣りで、これまでの人生最大の事故を起こしてしまうとは想定外であった。

会社の近くの専門店に出向き、アドバイスを聞きながら道具をそろえ始めたヘラブナ釣り。一度出掛けてみると、すぐにその魅力にガッツリとはまってしまった。

何より磯釣りや船釣りと違って朝早く起きなくてもよく、しっかり寝られ、昼前に釣り場に出向いて椅子に座ってのんびりと釣りができる。これは横着の極み♪　だが、そうした気の緩みがやがて事故を引き起こす最大の原因になる。

大阪近郊の管理釣り場へ何度か通う間に、釣ったヘラブナをタモで一度すくうよりも、水面にいるうちに「ハリ外し棒」を使って処理するほうが楽チンだと思うようになった。そこで、最初は20cmくらいのハリ外し棒を購入。これは便利と使っていたが、ポチャッと池に落としてしまい、次は50cmほどのロングハリ外し棒を購入した。これまた便利と息子に自慢すると、「横着アカンで」と言われる。

確かにそうである。この時にやめていれば……。

ゴールデンウイークの最終日に、釣具店おすすめの釣り場へ。この時は嫁と息子の3人で出掛けた。ヘラブナ釣りとしては、初めて朝早くに起き、丸一日みっちり釣りをしようと意気込んで釣り場に入った。

天気もよく、ポカポカと暖かく、朝の空気も心地よい。

さっそくサオを曲げたのは息子。続いて嫁、さらに私と好ペースでヘラブナを釣りあげる。

「今日は100枚釣れるかなっ♪」「この寄せエサを使い切ったら昼飯を食べようか」などと言っていると、ウキがツンツン、スパッ！　アワセを入れてサオを立て、魚を寄せて、いつもどおりに口もとにハリ外し棒を掛けて手首をくるっと回した……その瞬間、左目に激痛が！　とっさに顔に手をあてると確実に目にハリが刺さっている！

息子と嫁に「ハリが刺さった」と言うが、2人は冗談だと思い笑い飛ばす。冗談ではない！

「目に刺さっているから見てくれ！」

あまりの痛さに手探りで、自分で目からハリを外した。その時、ボタボタと涙と涙ではない液体が流れた。でも出血はない。

幸い、ヘラブナのハリはカエシがないのですんなりと抜くことができたが、これはただ事ではないと判断した息子が目を見てみると、「黒目の中が裂けている」と言う。

尋常ではない痛さと目から出る液体の量を考え、すぐに病院へ行こうとあわてて撤収。ここで私は、救急車を呼ぶより、仕事で付き合いのある眼科専門の病院に行ったほうが間違いないと判断し、すぐに電話して状況を説明した。

「すぐに来てください！」。この病院は大阪市西区にある多根記念眼科病院。眼科病院では全国から患者が訪れる所だ。

息子の運転で、30分ほどで病院に到着し、さっそく先生に診察してもらうと、「今から緊急手術を行ないます。非常に危険な状態で失明も覚悟してください」

詳しく聞くと、ハリが刺さることよりも、雑菌の感染が非常に危険らしく、目の中で菌が繁殖するとほぼ失明するらしい。

休日なので、今からスタッフを集めしだい手術しますとのことで、気持ちを落ち着かせながら手術までの時間を待つ。その間も目には抗生剤を打ち続け、1時間ほど経つと看護師さんが呼びに来て手術室へ。手術は局部麻酔の手術となるので、まずは左目の下にシールみたいな麻酔テープを貼り、腕に筋肉注射を打たれて手術室に入る。

先生から、「今から裂けている角膜の縫合とダメージを受けている部分の処置、洗浄を行ないます」と説明を受け手術開始。目の手術は初めて受けるので不安が高まる。

左目の部分が丸く空いた緑色のシートを被せられると、眼球の下の部分あたりから麻酔を打たれ手術が始まった。どんな感じかというと、光の中で何かが動いている感じで、まるで万華鏡をのぞきこんでいるよう。痛みはないし違和感もない。筋肉注射が効いていて緊張もなくリラックスした状態でいる。

途中、先生が助手の人と「けっこういってますね」「ダメージ大きいな」と話す声が聞こえてくる。しばらくして先生から予想よりダメージが大きいので手術方式を変えると説明され、一言「よろしくお願いします！」と伝える。およそ1時間半で手術は終了し、先生から説明があった。

「裂けている角膜の縫合と、水晶体がダメになっているので取りました。ハリが角膜・水晶体を越え硝子体にまで届いていたので、できる限りの洗浄を行ないました。あとは菌による感染を食い止められれば失明は免れますが、予断を許さない状態なのでとにかく安静にして抗生剤を打ち続けます」

先生の顔に笑顔はなく、本当に失明のリスクが高いことがうかがえる。症状的には重症ではなく最重症レベルと説明を受けた。あとは感染の兆候が出ないことを祈るのみ。

手術後、痛み止めのボルタレンを服用したので特に大きな痛みもなく、ベッドの上で安静にしている時間が過ぎた。定期的に看護師さんが抗生剤を打ちにきてくれる。

不安な一夜を明かし、朝の検診で先生が、「思ったより目がきれいです。現時点で感染はありません。感染の兆候があればこの時点で目の中に変色が見られ危険な状態となっているはずですが、今は大丈夫です。予断はまだまだ許しませんが」と言う。

実際、何に感染するのかと聞くと、ヘラブナ釣りをするような池の水は雑菌の宝庫であり、また釣りバリに付いた魚の菌やサビなども感染の原因になる。今回は、水の中にいる藻類の菌と土壌にいる菌などを想定した抗生剤を投与しており、適合すれば問題ないが、それ以外の菌が繁殖すればヤバイ……らしい。

2日目もただただベッドで安静に過ごすのみ。テレビも見られず起き上がることもできない。自分の身体は細菌どもと全力で戦ってくれている。今はとにかく、いらぬ体力を使わず、全細胞が目の修復をしてくれることを祈るだけだ。

3日目、朝の検診で先生の顔に初めて笑みが浮かんだ。

「感染の兆候は見られませんね。非常に運がいいです。このままいけば失明は回避できますね」

よかった……ただただよかったと思った。まずは一安心できた。

次に虹彩の形成をする処置を明日すると説明を受けた。黒目は通常丸い形なのだが、今は変形しているのでそれを形成する処置をするようである。看護師さんに写メを撮ってもらい見てみると、確かにカクカクとした形になっている。

一日中ベッドで横になっていることも、引き続き安静というより、退屈をどう過ごすかに変わってきた。気持ち的にも落ち着きと余裕が出てきたのだろう。看護師さんには、「けっこう冷静で落ち着いているのでびっくりしました」と言われた。やはりこういうケガをする人は、かなり落ち込むことが多いらしい。

私の場合は釣りバリが刺さった時に目から多量の液体が流れ、眼球がしぼんだ風船のようになった時点で失明したと腹をくくった。でも先生と看護師さんの処置と看病のおかげで失明は免れそうなので、視力がある程度戻るなら儲けもんだ♪と思っていた。でも、看護師さんが私をすごく元気づけてくれたことにはとても感謝している。

目の状態はすぐによくはならないが、いろいろな制限が解除される。まずは顔を洗える。シャンプーができる。風呂に入れる。病棟内を歩ける。テレビを見て、読書ができる。ただ、日常生活を取り戻していっても目は見えない。たとえていうと、水中で目を開け、三重くらいにボヤけて物が見える感じだ。

4日目に虹彩の変形を修正する手術を受けたが、これが目薬麻酔で処置したので、ものすごく痛くて嘔吐《おうと》しそうになり、しばらくはしゃべることができずベッドで固まっていた。

6日目に3ヵ所縫合している白目部分の抜糸となった。処置室で前回同様、目薬麻酔をして、器具で左まぶたを全開に固定し、プチプチと抜糸する。これがまた痛いのだ！　数分で処置が終わったが、3時間ほど痛くてまたベッドにうずくまった。

ただ、白目部分の糸はまぶたが動くたびに当たって痛みがあり、とても不快感だったのでそれがなくなると非常に楽になった。あとは黒目の角膜も4針縫っているので、これが抜糸されれば次のステップになる。でもまだ時間はかかるみたいだ。

事故を起こして8日目に退院となった。目の状態は変わらないが状態が安定したので、自宅療養になった。退院1週間後、外来で診察してもらうと順調に回復している。一番びっくりしたのは、視力検査の時に水晶体の代わりとなるような特殊レンズで見ると、視力検査の一番上のマークが見えたのだ！　うれしかった。これは大きな前進だ。先生は人工レンズが入るとある程度視力は回復するので、焦らず辛抱して治療してくださいといってくれる。私は、また一言「おねがいします」、それしか言えなかった。

それから2週間後の診察で黒目の抜糸があると期待して行ったが、まだまだ無理だった。角膜は皮膚と違い、なかなかくっつかないので、慎重に判断しないとまた裂けて再手術となるのだという。もう1ヵ月ようすをみて、まずは1針抜糸。2週間ようすをみてもう1針抜糸する予定と説明を受けた。完全抜糸までは、8月中旬までかかりそうだ。それから目の回復を見て人工レンズを入れるとなると秋までかかりそうだという。

視力検査で見えたので過剰に期待したが、一時は失明とまでいわれた状態なので、時間がかかっても見えるようになるのなら辛抱して回復を待つしかない。いずれ見えるのだから！

ただ、そんな状態で生活をしているとストレスは溜まる一方だ。

実は退院した週末、磯釣りは距離感が分からないし動きづらいので、船なら行けると、嫁の反対を無視して釣りに出掛けた。

乗合船で周りに人がいると危ないので、船外機を借りて息子と2人でアオリイカ釣りに行った。釣果は2kgクラスを2ハイと気分上々の復帰釣行♪　翌週は南紀勝浦にイシダイをねらいに行き、長男坊が見事61・5cmの銀ワサを仕留めた！　私は磯で何度も転び、波も被りまだまだ磯は危ないと途中で終了。こんな大きな怪我をしても釣りはやめられない♪　とはいえ、以前より注意を払うことを心掛けるように釣行する。

冒頭にも述べたように、釣りは自然との遊びなので決してお気楽ではない。危険と背中合わせなので、救命具の着用や簡易救急セットの準備や怪我をした時の対処法などを頭に入れておけば、いざという時に必ず役に立つだろう。でも、今回、自分が一番注意しないといけないと改めて思うようになったことは、横着をせず、面倒くさがらないということ。そうした行動を取れば、防げる事故がたくさんあるということ。

皆さんも注意して釣りを楽しみましょう！　さあ次はどこに釣りへ行こうかな♪

Accident File 97.

時化の海に落水！

危険と隣り合わせのヒラスズキ取材が無事終了。
無意識にほぐれていた気持ちが悪夢の事態を招き寄せる。

体験者　**橋本龍平**
九州のローカル雑誌を中心に、写真撮影も含めた取材活動を続けるフリーランス・ライター。釣りと16世紀なかば（戦国～安土桃山時代）の日本に興味を持つ。

マジで死ぬかと思った体験談★★★

冬の玄界灘はよく時化る。春になれば幾分マシになるが、2015年は時化続きだった。おかげで取材のほとんどは延期を余儀なくされた。唯一救いだったのはヒラスズキ取材がスムーズに終わったこと。連日のように北寄りの風が吹き、ヒラスズキ日和が続いた。

ヒラスズキ釣りは危険と隣り合わせ。そのことはよく知られている。危険は水辺のみならず、釣り場までの道のりにも転がっている。釣る側と取材する側はバディーとなり、互いに気遣い合って、危険の回避を絶えず強く意識する。

幸い今年のヒラスズキ取材は無傷だった。取材から無事に帰着するのは、本来あるべき通常の状態。依頼してくれているクライアントや同行してくれた釣り人、家族に対する責任でもある。「マジで死ぬかと思った」という体験ならヒラスズキ取材の時にこそ起こりそうだが、そんな思い込みが、まさかの事故につながるとは思ってもみなかった。

無事に終えたヒラスズキ取材の翌日。今度は同じ玄界灘へ船からのヒラマサ釣り取材で出掛けた。時化のためにすでに2回延期になっていた取材で、この時も「今回も無理かな……」と危ぶんでいると、「沖までは走れないけれど、船はどうにか出せる」という知らせが入った。お世話になるその遊漁船は老舗。船長のキャリアや船体の大きさを考えると、不安は微塵《みじん》もなく、今度こそ取材できるという喜びしかなかった。

今になって振り返ってみると、「船が出る」と聞いた時点で、取材を遂行できたつもりになっていたのだ。

「明日は風に吹かれっぱなしになる。気温は20℃を上回るようだけど、インナーにダウンを着込んでいこう。カメラを扱う手に飛沫がかかるだろうから、ペットボトルに真水を入れて持参しておこう。いつもより多めにな。タオルも多めだな」

前夜の準備で記憶しているのは、この程度。あれだけ厳しかったヒラスズキ取材に事なきを得て我が家に戻り、気がほぐれていたのだった。

翌朝、出港地で取材対象の釣り人や乗り合わせた方々と対面。もちろん風は強く、釣り人がタックルを船に運ぶ時にもイト鳴りがしていた。船長も「ぎりぎりのコンディション」と口にした。

遊漁船は南に面した港を出ると、北に進路を取った。予想どおり、波頭が砕け、白波が一面に広がっていた。あたかも白ウサギが海面を覆い尽くして飛び跳ねているようだった。

それでも全く不安にならなかったのは、島陰に入って風をよけながら釣ると分かっていたからだ。とはいえ、白波と時折やってくるウネリとで、船体は左右に大きく揺れ、両手でタックルを操作している釣り人たちは、バランスを保つのに苦心しているようすだった。大きなウネリがくると、皆一様に近くにある手すりや船べりに手をかけた。

撮影をしている私も、身体を安定させるためにどこかをつかんでは船の前後を行き来し、船の揺れ加減を見ながら右舷と左舷を移動してシャッターを切った。手が潮でべったりと濡れてくると、(真水を多めに持ってきて正解だった）そんなことを考えていた。

釣り人は全部で5名。出港から5時間が経過した時点で、2名が本命のヒラマサをキャッチしていた。ただ、その日の取材対象である釣り人は苦戦中で、数回のバイトはあったもののまだ魚をキャッチできてはいなかった。

取材対象の釣り人は、波で上下左右に揺れる船首に立ち、一心不乱にルアーを投げていた。そのひたむきな姿を写真に収めようと、私もまずは彼の後ろからシャッターを切り、そのあとさらに横方向からの写真も撮ろうと前へ動くことにした。

彼が釣っている船首付近は、一段高いデッキで手すりが付いている。そして、手すり付きのデッキに続くすぐ後ろは、大きな魚が掛かった時に、船内にスムーズに引き揚げられるように船べりが一段低くなったスペースだった。もちろん、そこに手すりはない。

前に向かって歩き始めた時、背後から大きなウネリが来たようで、船が前方へつんのめる形になった。正確には左斜め後ろからのウネリだったようで、私はバランスを失い、船の中で右前方へふわりと浮いて投げ出されるような形になった。

その先は、ちょうど手すりがなく船べりも低い例のスペースだった。

「床に倒れ込むように姿勢を低くしなくては！」ととっさに思った。すでに身体は前へ投げ出されている。だが、何しろ一瞬のことで、すべてを正確に思い出せるわけではないが、太もものあたりが低い位置にある船べりに強くぶつかったと思ったら、次の瞬間には上半身からダイブするように船外へ投げ出されかけた状態になっていた。

視界の先に、一段高いデッキにいる釣り人の足もとがチラッと見えた。

（あっ、落ちる）

（いや、きっとヒヤリ・ハットですむ。本当に落ちるはずがない）

（右手はカメラを持ってるな）

　この期に及んでそんな考えが頭を過ぎり、身体は完全に制御を失いつつも、どこかにつかむところを見つけようと左手を伸ばし、その左手が最終的には船べりに掛かったと思う。しかし、濡れた手で濡れた船べりをつかんでも、無情にも勢いのついた自分の身体を止めることはできなかった。

（オレ、本当に、海に落ちる）

（ヒラスズキ取材は危険にさらされても大丈夫だったのに）

（完全に油断してたな）

　そう、私は完全に油断していた。ヒラスズキ取材ではあれだけヒヤヒヤしていたのに、いやヒヤヒヤしていた反動かもしれない。老舗遊漁船での取材とあって安心しきっていた。正確には、安心ではなく、油断だったのである。

　右手にカメラ、衣類のポケットには財布と小銭入れ、車のキー、ケータイ、スマホの一式を入れており、もろとも海に突っ込んだ。

（このままじゃカメラがぶっ壊れる）

　気づくと、全員が私を心配そうに見つめていた。この時、荒れた海に投げ出された状況は自分が思うより深刻なのだと分かった。もしかしたら、このまま死ぬのかもしれないという思いもよぎった。と同時に、「落ちたのが沖でよかった。時化た磯だったら救出はなかったぞ」と思った。

もちろんライフジャケットは着用していた。磯釣りに使う浮力材タイプだったので、すぐに浮いてくれた。ただ、股ヒモもしていたが、全部緩めていたのが災いした。こんなところに油断が見て取れる。股ヒモをしっかり締めていれば首下くらいから浮いてくれたはずだが、ぎりぎりアゴが出るくらいでしか浮かんでくれない。

白ウサギが私の頭をどんどん飛び越して跳ねていった。さらに、あれだけ波とウネリが左舷からきていたのに、潮流は全く逆。しかも予想を超える強さで流れていた。

船から投げ出された勢いで私は右舷の右側に浮いていたが、すぐに身体が船体に押しつけられた。船の上にいるみんなの顔が見えなくなったのは、船首付近のえぐれた部分に流されたからだ。私は両足で船体を蹴ってえぐれた部分から離れた。するとまたみんなの顔が見えた。

しかし、次はもっと力強い流れにさらわれてしまった。息つく暇なく船底が見えたかと思ったら、あっという間に左舷まで流され、浮上。息ができる、と思ったが、吸うのと吐くのが入り乱れて咳き込むばかりでまともな呼吸にならなかった。

船との距離がどんどん離れていくのが分かった。その時、「船を回すから待っとけ！」という船長の声が聞こえた。

股ヒモをきつく締めたいと思ったが、片手にカメラを握りしめていたために左手しか使えない。そんな状態で身動きすると、頭が水面下に下がりそうだったため、わずかにアゴを出したまま待った。チラッと後ろを振り返るとかなりのウネリが近づいてくるのが分かった。

力を抜いて待て。そう念じた。覚悟したウネリは拍子抜けするほど、ゆったりと身体を持ち上げただけで去っていった。

私にゆっくりと近づく船体とそこから棒（ボートフック）が差し伸べられる光景は、今でもはっきりとまぶたに焼きついている。

船体をくぐる時に流れが緩んで船底付近でもたもたしたり、流される方向が変わって船尾のスクリューにでも引っ掛かってしまっていたら、浮上するのは無理だったかもしれない。

ボートフックを左手で握り締めた時、助かったと思った。船尾のデッキに足をかけた時、戻ってきたと思った。濡れた衣類は想像以上に重くなることも知った。

最も怖いのは、恐れおののいたヒラスズキ取材の道のりよりも、実は自分の内側にある油断だった。拙稿をまとめていて、安心と油断は別ものだと痛感したしだいである。

幸い外傷を負うことはなく、また同船者の1人がスエットとパーカーを持参していたため、それを借りて濡れた衣類はすべて脱ぐことができた。キャビンで震えながらも、魚が釣れたらデッキに出て、サブカメラで写真を撮った。もちろん、私と一緒に海に浸かった電子機器はすべて使えなくなっていた。

水に濡れてまずいものは肌身離さず持つほうがいいのか、それとも別に保管すべきかは、釣りのジャンルによって違うと思う。だが、船では後者だというのが自分の結論だ。そして、股ヒモは時と場合によらずキッチリ締めたい。

もう1つ、どんなに風が強くても、水面下の潮の力は全く反対の方向に働いている可能性がある。

これは今後の取材に活かしたいところだ。

Accident File 98.

本流徒渉中に片足が！

流れを3分の2ほど渡り終えた時、ちょっとよさそうなポイントが。水圧で震えるウエーディングスタッフから手を離しロッドに持ち替えた瞬間……。

体験者 福士知之

北海道千歳市在住。オリジナルブランドのハンドメイド・ルアーを作りながら、道内のフィールドに通い大型のトラウトをねらう。北の大地のキノコと山菜にも詳しい。

マジで死ぬかと思った体験談★★★

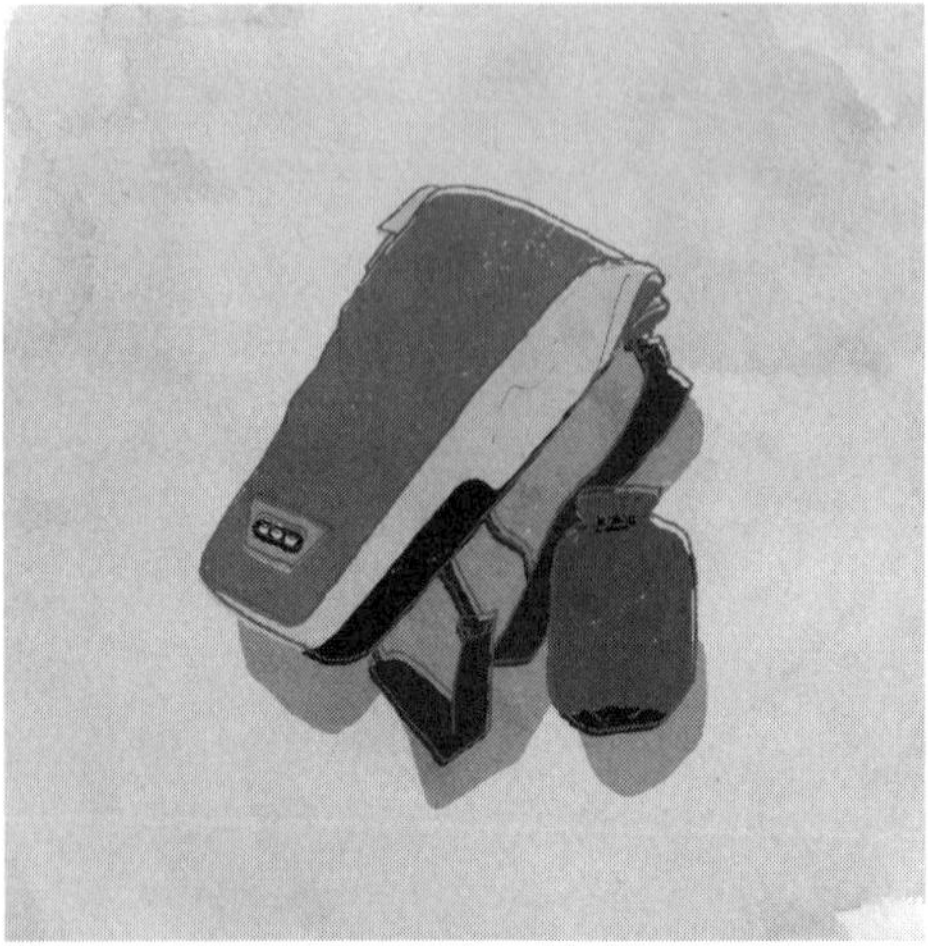

天気のよい夏の平日。僕はお気に入りの川でニジマスをねらっていた。

河原が広く、点在する中洲の両端を大小の瀬が挟むこの流れは、北海道でも代表的な本流河川の1つだ。ニジマスたちは、とうとうと流れる急流育ちでファイトが強い。「瀬釣りの川」として釣り仲間の間でも人気があり、ニジマス以外にも、ヤマメは本流育ちの尺上、アメマスは70cmを超えるサイズがねらえる。

ただ、ハズレの少ない川だけに人は多く、休日ともなれば必ずといっていいほど先行者の跡を追うことになる。けれどもこの日は、平日だったこともあり貸しきり状態だった。

いつもならゆっくりと釣る川を、この日は空いていることに気をよくして、各ポイントを雑に釣り飛ばしながら、実績充分の1級ポイントに急いだ。

到着して辺りを確認すると、期待どおり誰かに先に釣られた痕跡はない。ただ、しばらく雨が降っていなかったこともあり、石を見ると2週間ほど前に来た時に比べて20cmほど水が落ちていた。

(これはチャンスだな……)(釣れたらどこで魚の写真を撮ろうか……)そんなことを考えながらお気に入りのミノーに付け替える。

しかし、これは僕の経験則だが、不思議と自信がある時ほど結果が伴わないもので、この日も確信していたポイントを含め魚からの反応が全くない。あれこれルアーをチェンジしても、小魚の影すら確認できなかった。

いつもであれば釣果にかかわらずこのポイントで引き返すのだが、本命ポイントでも魚が無反応だったことや、何よりタイミングよく水位が下がっていたこともあって、いつもなら横切れない流れを対岸まで渡り、もう1つ下の大きな瀬まで釣り下ろうと決めた。

僕はウエーディングをする際、深さは膝頭の上までと決めている。自分の力量的にこれくらいまでやめておけば、北海道の押しの強い本流の流れでもほとんどの場所で安全に川を切りながら遡行できるからだ。ちなみに、膝頭の上といっても、僕は身長185cmを超えるのでそれなりの深さはある。

その時に横切ろうとした瀬は、水量が落ちた影響でちょうど膝ほどの深さ。川底は砂礫。ウエーディングスタッフ(徒渉を補助する杖)も持っているので、余裕の気持ちで渡り始めた。

実際には、太腿の中ほどまでは強く水に押されながら歩くことになる。3分の2ほどを渡り終えた時、ちょっとよさそうなポイントが目に入ったので、水圧でブルブルと震えるウエーディングスタッフから手を離しロッドに持ち替えた。そして、自分の下流側にあるそのポイントにキャストしようとして川下側を向こうとした瞬間、片方の足が流れにすくわれた。

「冷てー‼」そう思った時には、尻もちをつくようにしてあっという間に流されていた。ウエーダーはあらかじめ余計な空気を抜いて履いていたはずだが、まずは足先が勝手に浮いてしまい、なんとか立ち上がろうとあがいてみてもバタバタと空回りするだけで全く思いどおりにならない。これはやばいのかも……という考えが一瞬頭を過ぎるが、ふと、上半身は何もしなくても沈まないことに気づいた。

僕は一眼レフカメラを釣り場に持っていくことが多い。その際、カメラはまずタオルで包んだあと、空気を入れてパンパンに膨らませた状態のロールトップタイプの防水パックの中に入れる。さらに、その防水パックを防水タイプのバックパックに詰め込んで、同じようにパンパンに膨らませてから背負う。二重のエアークッションにしておくことで、転んだ時の衝撃や水没からカメラを守れるだろうし、何かあった時には、浮き袋の代わりくらいにはなるのではないかとも思っていたからだ。

だが、まさか本当にその効果に助けてもらう時が来るとは思ってもみなかった。流された時には、一瞬、ものすごくあせったけれど、短時間で冷静になれたのはこの上半身の浮力が確保されていたことが非常に大きかった。

10mほどは足も付かない深場を流されたが、20mほど下流の右側に河原のある中州が見えたので、そこに取り付こうと考えた。

ようやく片足が川底を捉え、そこからも実際は何度も苦戦しつつも、もんどりをうつようにしてなんとか中州に這い上がった。ウエーダー内への浸水はそれほどでもなかった。ベルトを締め、さらにその上から疲労を抑えるネオプレーン製のコルセットで腰周りを締め付けていたのがよかったのだろう。

安心したのか、いつの間にか震えだしている手でなんとか下ろした背中のバックパックは空気が少し抜けていたけれど充分に膨らんでいた。中の防水パックもパンパンのまま。何度も転倒もしたけれど、カメラもロッドも持ち物はすべて無事だった。

（もしバックパックじゃなかったら……）（コルセットをしていなければ……）そんなことを考えながら、上半身ズブ濡れのまま河川敷を車に戻る。

当然、助かったことが最もうれしい。けれども今日が平日で、情けないほどにズブ濡れの僕とすれ違う釣り人が1人もいなかったことも、その次くらいにありがたかった。

Accident File 99.

半宙吊り危機一髪！

目の前の赤い吊り橋が怖い。ワイヤも底板も新しく、見た目にはとても安全そうなのに、本能は「近づくな！」と警報を発していた。そしてそれは起きた。

体験者　青葉太郎（仮名）

昭和40年生まれ。横浜市在住。某出版社の単行本編集者。釣り場でのアブナイ経験は、なぜか怪談絡みのことが多い。第153回芥川賞受賞作『火花』のような大ヒット作を手がけて社長賞をもらうのがささやかな夢。

マジで死ぬかと思った度★★

この話は、本来なら本書の姉妹版⁈にあたる『水辺の怪談―釣り人は見た』シリーズに書かれるべき内容なのではないかと当初迷った。しかしその時の状況は、本当に大怪我と紙一重だったので……決して悪霊に取り付かれて命を落としかけたとか、そんな話では。いや、やはりそうなのか？

何はともあれ当時を思い出してみる。

15年以上前の7月下旬、私は取材で秋田県南の渓流に来ていた。同行者はカメラマンTさん、フライフィッシャーMさんの2名。ヤマメというよりイワナの季節だが、「鳥海山のふもとで、小さな川だけどフタスジモン（カゲロウ）の釣りができるところがある」というMさんの言葉に引かれた。フタスジモンカゲロウは主に夕方に羽化する水生昆虫で、羽化が始まると渓魚のライズ（水面付近での捕食）も活発になる。しかし、イブニングライズの釣りは時間帯が短い。写真撮影はまだフィルムの時代で、プロフェッショナルが使うリバーサルのISO感度は50～100しかなかった。光量の少ない時用のものでも200、それを倍に上げても400である。日の長い夏の夕暮れ時でも、自由に撮影できる時間帯は限られている。また、羽化も毎日あるとは限らない。そこでイブニングの保険というか、そもそも秋田まで来て夕方しか釣り（取材）をしないなんてあり得ない話なので、結局いつものように東北自動車道を夜通し走って早朝現地にたどり着いた。

川は思ったとおり渇水で、河原には、もやとともに日中の熱気の名残が漂っていた。朝だというのに精気が感じられない。

まあやってみましょうと釣りを始めて、20分もしないうちにMさんがヤマメを掛けた。きれいだが6寸ほどで写真を撮るには小振りなのと、これなら今日は楽勝だと勝手に思い込み、すぐにリリースしていただいた。しかし、そこは支流との合流点から少し下の一級の瀬で、朝イチで出たのが6寸。あとから思えば、その日の釣りを暗示する1尾だったのだ。

さー、どんどん出てちょうだい！　とふくらんだ期待とは裏腹に、Mさんのドライフライはいくら投げてもヤマメに撃沈されることなく、平和に水面を流れ続けた。

朝もやが切れ、夏の日差しが渓流に差し込み始めると汗が吹き出してきた。暑い。

その後はお昼まで全く反応がなかった。私は押さえで最初の1尾を撮影してもらわなかったことを後悔し始めていた。しかし後の祭りである。

午後は睡眠不足による集中力の欠如と、夏の高水温&日差しで案の定釣りにならず（今思えば上流にイワナ釣りに行けばよかった）。保険は空振りに終わった。

夕方もきびしかった。夏の夕暮れに渓の白い妖精が舞うシーンをイメージしていたのだが、フタスジモンカゲロウの羽化はなかった。それでも夕マヅメでヤマメの活性が少し上がったのか、7寸クラスが数尾出て取材は成立した。30分前後の出来事で、Tさんも雰囲気のある写真が撮れたようだが、型が今イチだ。ストーリー的にも物足りない。

そんな雰囲気を察してくださったのか、車に戻ってロッドを片付けていたMさんが言った。

「明日、帰りがちょっと遠回りになるけど、山形に昔行った川があるから、そこ、やりませんか」

イブニングの川も大渇水で、県南全域どこも同じ状況だろうと思っていた私はMさんの提案に飛びついた。その川は秋田側から見ると、古くから山岳信仰の山として知られる神室山をぐるりと回り込んだ位置にあるようだ。南面だが水系も変わるのでもしかしたら……と微かな期待を抱いた。

翌日は小雨混じりの曇天だった。確かR13だったと思うが、国道をしばらく南下し、途中で脇道に折れて未舗装の林道に入った記憶がある。目差す川はその林道に沿って流れていた。右岸につけられた林道を走った突き当たりに誰かの別荘らしき建物があり、そこから少し車を戻して川に入った。河畔林に囲まれた流れは、15m幅くらいの穏やかな平瀬が続く里川の風情だ。天気のせいで気温がだいぶ下がり、川にも少し精気が感じられる。だがしかし……そこには、別の「気」も混じっていたのかもしれない。

長い直線状の平瀬を引きで撮影するのに、おあつらえ向きの吊り橋が林道から対岸に架かっている。Mさんには橋の上流側を釣ってもらい、Tさんは橋の中央に陣取った。ところが、私はこの橋をひと目見た時からいいようのない胸騒ぎがしていたのだ。それはきれいな赤い吊り橋で、ワイヤも底板も新しく、高さも大したことはない。誰が見ても危険とは思わないだろう。間違っても冒険映画のように途中でワイヤが切れたり、底板を踏み抜くような危うさはどこにもない。にもかかわらず、私の本能は「コノハシニ、チカヅイテハイケナイ!」と警報を発していた。

「おーいどうしたんだよH(私の名前)」。Tさんが橋の真ん中から呼んでいる。

いやいやながら橋に足をかけると、突然、耳元で意味不明な言葉(のような何か)が響いた、気がした。ヤバイヤバイヤバイ!

恐る恐る、Tさんのところまで行った。ザーザーと足下から瀬音が響く。思わず下を向く。水面までは3・5mくらいだろうか。歩いている間、橋はほとんど揺れなかった。かなりしっかりした造りなのだろう。にもかかわらず私は何かに怯えていた。

「なかなかイイよ」

Tさんの声で上流に視線を移すと、Mさんの釣り姿が目に入った。河畔林に囲まれた小雨混じりの流れで1人の男が黙々とフライロッドを振っている。確かに絵になる光景だった。「パシャ……パシャ……パシャ……」小動物のくしゃみのようなシャッター音を聞きながらその景色を眺めている間に、少しずつ恐怖で固まっていた私の心はほぐれていった。

「出ないね。上がろうか」とTさん。

「そうですね」その時、私はTさんに背を向けて橋の先をぼんやり見ていた。返事をして、振り向きざま岸側に歩こうとしたその瞬間、視界が大きくブレた。

「ううわっ！」

橋と雨空が上に見える。私の身体は片足のかかとが底板に引っ掛かり、片腕がワイヤをつかんだ状態で、橋の外側に半分宙吊りになっていた。木の枝にぶら下がっているミツユビナマケモノの姿勢に近い。なんだ、何が起きた、どうして？　混乱する頭で必死に思い出す。スローモーションで情景がよみがえる。そうだ、振り向いた時に踏み出した足が橋の外に出た、そして真っ逆さまに落ちた……はずが、無意識に伸ばした腕が間一髪のところでワイヤをつかんだのだ。

「えええ、H、何してんのお前〜〜！」

振り向いたTさんが素《す》っ頓狂《とんきょう》な声を出した。その目はまん丸だった。たぶん私も同じ目をしていたと思う。

我に返り、腹筋と腕と腿《もも》に力を込めて両手でワイヤをつかみ、レンジャーか何かのような格好で橋によじ登った。

「どうしたんだよ、一体」

「いや、橋の外に足出しちゃったみたいで」

「……そんなこと、あんのかよ⁉」

あったんです。ノーブレーキで壁に突っ込む車のように躊躇なく右足を出したので、私の身体は振り子のように一瞬で頭と足が逆向きになった。手すりの横ワイヤに身体が触れれば落ちなかったと思うが、それはそれで、首か顔のあたりにでもひどいあざができていただろう。ワイヤの間を身体がすり抜け、なおかつワイヤをつかむことができたのは奇跡としかいいようのない偶然だった。

もし、そのまま頭から落ちていたらどうなっていたか？　深い淵なら派手な水柱が上がったところだが、橋の下はところどころ水面から石が頭を出している平瀬で、水深は50㎝くらいしかない。絶対に濡れるだけではすまなかったはずだ。

「実はさっきから嫌な予感がしてて」

私のそのひと言を聞いて、Tさんの目はさらに大きく見開かれた。

「マジか⁉　やめてくれよ～お前」。そう言い残すとTさんは一目散に橋を渡って岸へ戻った。「Hは霊感が強い」というのは酒席では格好のネタだが、目の当たりにするとさすがにビビるのも無理はない。いや、私自身が一番怖かったのだが。

それにしても危なかった。この出来事が本当に霊感方面からくるものだったのかどうかは、私にもいまだに分からない。ただし、これだけはいえる。人は普通、吊り橋の外側に足を踏み出したりはしないものだ。いくら私がおっちょこちょいだとしても、いや、酒に酔った人だって滅多にそんなことはあり得ないだろう。見えない何かに足を引っ張られた、としか思えない出来事だった。

それでもこの体験を「水辺の怪談」ではなく、「マジで死ぬかと思った」に記したのはわけがある。それは、釣り場での事故は、原因が何であれ、一瞬で起きることが多いということだ。そして事故の前には、気をそらされたり注意力が散漫になる、あるいは気が緩む「魔のエアポケット」のような時間帯があるのではないだろうか。不思議な、しかし「マジで死ぬかと思った」体験をした者として、そのことを読者の皆様にお伝えしたかった次第である。どうぞ、お気をつけて。

Accident File 100.

胸壁から落下！

ロッドを満月にして目いっぱい引っ張った次の瞬間。「バチーン！」と音を立てて切れたラインは、自分自身の運命の糸でもあったのか。それともタコの呪いか!?

体験者 小林　亮

昭和55年生まれ。札幌市在住。好きな釣りはアユの友釣り、ルアーフィッシング全般、投げ、氷上ワカサギ、渓流のフライフィッシング、ハゼ、マブナ釣りなど。元『ノースアングラーズ』編集スタッフ。

マジで死ぬかと思った度★★★★

あれは2012年の4月下旬、大型連休を目前に控えた日だった。道央日本海でヤリイカが好調な話を聞き、エギングが好きな仲間2人と夕方に札幌を発ち、積丹半島の小漁港を目差した。エギングといえば本州ではアオリイカが人気ターゲットだが、北海道では道南の一部で夏から秋にねらえる程度。ポピュラーなのはヤリイカ、スルメイカ、マメイカ（ジンドウイカ）などのツツイカ類で、春はヤリイカが産卵で岸寄りする絶好期だ。

しかしながら、数ヵ所をラン&ガンしてもイカの姿はなし。ヤリイカは神出鬼没のターゲット。いる時は海面が真っ白になるほど大きな群れが回遊する反面、いない時はさっぱり駄目なので、これも想定の範囲内。そこで小樽まで戻り、春のヤリイカで実績が高いT漁港で釣ることになった。その漁港は外防波堤外海側が好ポイントゆえ、3人で胸壁上に立って餌木を投げる。が、ここもヤリイカの回遊はないようで、2時間ほど経っても釣果はゼロ。自分はイカに見切りを付け、ワームでの根魚ねらいに変更。するとすぐに反応があり、30cmクラスのクロソイがヒット。気づいたら仲間もワームを投げていた。クロソイやエゾメバルのアタリは多く、本命がイカだったことも忘れて3人で夢中になった。

根魚ねらいに替えてから2時間ほど経った頃、ロッドに「ズン」と重い手応えが伝わってきた。すかさず合わせると「グーン」と強い引き。これは良型だと確信してリールを巻くが、相手は微動だにしない。「根掛かり!? さっきは引いたけど勘違い!?」。それでもさらに強めに引くと少し寄せられたが、ある場所から動かなくなってしまった。ただ、根に掛けた時とは異なり、水中に沈んでいるロープを掛けた時に似た柔らかい感触。何度かこんな経験があったので分かった。これはタコだと。

ちなみに北海道ではほとんどの場所にタコの漁業権が設定されている。キープしたら密漁になるので、頑張ってキャッチしても結局はリリースが定め。釣りあげるメリットはルアーを回収できることくらいなので、ラインを切ることにする。すると仲間の一人から「タコを見たい。あげましょう！」と声がかかる。「底に張り付いているし、タモも持ってないから無理だと思うよ」と返答するも、「どうにかなるでしょ！」との応援をむげにできず、キャッチに方針転換。腰を落とし、ロッドを満月にして目いっぱい引っ張る。その数秒後、「パチーン」と音を立ててラインが切れ、急にテンションが抜けたために身体は後方に退け反り、約３ｍある胸壁から落下していた。

全身を地面に打ち付け、痛みで動けない。後頭部を地面ではない何かにぶつけていて、鼻血が出ていた。すぐに仲間が駆け寄ってきてくれ、「救急車呼びますね」との声に無言でうなずく。ふと思い出し、「ほかの釣り人に迷惑になるから、近くに来たらサイレンを消すように伝えて」とお願いする。救急車が来るまでの間、頭のなかにあったのは、〝自分の失態でここが釣り禁止になる事態は避けたい〟だった。

夜間病院に運ばれてから覚えているのは、看護師さんとの意識レベル確認の会話。「お名前いえますかー」、「こ、小林です」。テレビのドラマやドキュメント番組でよく見る光景だが、本当にするんだなと変に感心してしまった。「おとしはいくつですかー」には、大丈夫なのをアピールすべく「い、いくつくらいに見えます?」と答えたら。「そういうの今いらないから!」と猛烈に怒られた……。ここの検査では生命に関わる重症ではないと分かったが、頭部の負傷ゆえ、より精密な検査を行なえる札幌市内のN病院に転送されることに。

MRI、CTスキャンなどの検査の結果、脳内出血、右手指2本の骨折が判明。ただ、脳内出血は開頭手術が必要な重度ではなく、出血が自然吸収される軽度。じつは胸壁からの落下直後は動転していたので分からなかったが、落ちた場所には重機があり、後頭部を打ったのはそのタイヤだった。これは不幸中の幸いだったと思う。もっと硬い何かだったら、軽度では済まない事故になっていたのではないだろうか?

さらにいえば、転送されたN病院の脳神経外科は日本で屈指の実績と設備だった。骨折も自分は左利きなので生活の不便は少なく、その点では悪運が強いのかもしれない。そんなこんなで4日ほどで退院できたのだが、頭を打ったせいで、帰宅後も右目の周りが黒く腫れ、1週間ほど四谷怪談のお岩さんみたいになった(タコの呪い!?)。当然ながら連休に計画していた釣行はすべてパー。春の渓流でイワナ、サーフで海サクラ、磯でホッケやカレイなど、これでもかというほど釣る気でいたのだが……。北海道は5月の連休前後が桜の開花時期。入院中、病院の窓から満開の桜を見ていたせいか、桜の時期になる度、この時の苦い出来事を思い出す。ちなみに、自分は小学生の時にも5月の連休を虫垂炎で丸々入院していたことがある。連休は凶事が起こりやすい人生らしい。

なお、タックルは奇跡的に無傷だった。心配していた、釣り場が立ち入り禁止になることもなく、ほっとしている。今にして思えば、道内に生息するタコはミズダコで、大きい個体は５ｍ／30kg以上ある。玉網もないのにあがるわけがないのだから、ラインを切る最初の判断が正解だったのだ……。周りに何をいわれようと初志貫徹すべき。よい教訓になった。骨折治療で渡された金属製の添え木は、戒めのために今も持っている。目にする度、「危険な場所で二度とロッドを振らない」と自分に念押ししているので大丈夫だと思うが、もう使う機会がないことを祈っている。

Accident File 101.

雪代の激流流下！

「飛び越えちゃえよ」それは慢心が生み出した悪魔のささやきだったのか。雪代で増水し始めた川を流され、遠くには超激流が見えてくる。

体験者 小池純二

東京都在住。渓流釣り歴36年。細イトでのヤマメ、アマゴの釣りから源流のイワナまで幅広く楽しむ。山梨、新潟の河川を得意フィールドとする。

マジで死ぬかと思った度★★★

若い頃から山岳渓流でのイワナ釣りが大好きで、ヒマをみつけては奥地に入り浸っていた。ホームグラウンドは新潟県の奥只見や、自宅から1時間ほどで行ける東京の奥多摩、それに山梨県の富士川（釜無川）水系だったが、父の赴任先であった新潟県の上越地方にもイワナの釣れる中小河川はたくさんあった。上越の渓流は、奥只見に比べれば川の規模は小さくて悪場はなく、釣り人も少ない穴場といえた。海からわずか10㎞ほど車で入るだけで、尺を超すイワナがねらえたのだ。

今から30年ほど前の4月29日、昭和天皇の誕生日である。ゴールデンウイークの初日とはいえ、上越の川に釣り人は皆無。それは渓流マンに知られていないということだけでなく、釣り人のほとんどは海釣り（堤防釣り）に熱心で、当地の川など見向きもしなかった。おまけに雪代の真っ最中ということも関係していた。入渓地点から上流にかけて道がなく、川通しでしか行けない。つまり増水期ゆえに、よほど川のことを熟知していないと、迂闊《うかつ》に入渓できないのだ。

もう何十回と通うこの川の水量の増減は知り尽くしていたので、なんのためらいもなく早朝から単身川へと入った。朝のうちは雪代もほとんど入らず、ここぞというポイントでは必ずアタリがあり、快調に釣果を伸ばす。素晴らしい快晴に恵まれた明るい渓を3時間ほど遡行すると、予想どおり徐々に増水が始まった。もう充分に楽しんだので川を下ることにする。流れはササニゴリになったがまだ危険を感じるほどではなく、鼻歌交じりで徒渉を繰り返す。そして最後のカーブに差し掛かった。ここが最後の川を渡る箇所である。

いつものように慎重に渡り始めたが、流心部分にきた時、悪魔のささやきが聞こえ始めた。

「一気に飛び越えちゃえ、簡単、簡単」

普段はわりと慎重な性格なのだが、この時ばかりはなぜか違った。ひとまたぎで越えられそうな強い流れに、全く恐怖心を感じることなく、ヒョイッと飛んでしまったのである。そして簡単に流心の強く激しい流れを飛び越えたのだが、着地の瞬間に予想外の出来事が待っていた。やや浅くなった流れの底石が、突然動いたのだ。

アッと気がついた時には、目の前に水泡が咲き乱れている。雪代の冷たさを感じることもなく、ただただ気が動転したまま、かなりの勢いで流されていた。すぐに起き上がろうと試みるが、流れの強さは想像以上で、立ち上がることは到底不可能。何度ももがいたが全く無理である。

このまま流されると、石に頭を打って死ぬかもと思い、必死に上半身だけでも立てるようにする。しばらく流されたが恐怖心はあまりなく、ただ頭を打たないことばかり考えていた。流れが弱くなるような場所はどこにもなく、50mほど下流には、これまでにないほどの激しく強い流れが見えてきた。渓流には荒瀬という激しい流れがあるが、それ以上の超激流。雪代期か大雨後にしか出現しないその悪魔の流れを見た瞬間、これまで感じなかった死の恐怖が襲いかかる。

「どうする、どうする、もうダメなのか」となかばあきらめかけた時、自分が流されている川の中央付近に、右岸からせり出した1本の背の低い木が見えた。雪の重みで、川岸から流れに向かって斜めに生えた木だ。その枝が川の中央付近で垂れ下がり、私の目の前に迫ってきた。無我夢中で、できる限りの力を振り絞ってこの枝にしがみつく。枯れていれば簡単に折れただろう細い枝だが、生木は非常に強くたくましい。折れるどころか、私の全体重を支えてもびくともしない。目いっぱいの腕力を使い、かぼそい枝を手繰り寄せる。幹に近づくにつれ枝は徐々に太くなり、私の身体を岸の浅いほうへと導いてくれたのである。

生還して気がつくと、ネオプレーンのウエーダーの中はほとんど濡れていなかった。スリムタイプのぴっちりしたウエーダーだったのが幸いしたのかもしれない。もし水が大量に入ったら、頭を上にして冷静な判断をくだすことができなかったかもしれないのだ。またザックの中に入れておいたサオも無事で、ザックが浮輪代わりにもなったようである。

ほっとして川を見渡すと、なんと転んだ場所から50m以上も下流。しかも、もう一度川を渡り直さないといけない。なんで枝が反対側（左岸側）から伸びていてくれないんだ、などと思ってみたがどうしようもない。

もう一度渡らなければならないプレッシャーは相当なもので、憂鬱な気分になる。たった今、流された恐怖がよみがえり、しばし休憩しようかとも考えたが、時間がたてばたつほど、増水が激しくなることは確実。そうなれば休んでいる間に渡れなくなってしまう危険がある。そこで素早く転んだ徒渉地点まで戻り、意を決して再チャレンジすることにした。

これはけっこう勇気のいることである。でも再度流されたら、また同じ枝につかまればよいとか、枝がもし折れたら一巻の終わりだとか、あれこれ考えてしまう。同じミスを繰り返さないためには、川の中の足場を慎重に探りながらあわてずに渡ることだと、自分に言い聞かせる。

冷静になり、まず川岸の林の中に分け入り、丈夫そうな太めのできるだけまっすぐな木の枝を探す。これを杖代わりにして渡り始める。流心以外は難なく渡れたが、先ほど転んだところでは気が小さくなり、しばし躊躇するものの、強い流れは容赦なく襲ってくる。もう飛び越す方法はやめて、流心の川底の石を探る。しっかり浮きそうもない石に足をかけて次の石を探る。先ほど転んだ時よりも、やや流れが強くなっている。何度も飛び越える誘惑に駆られながらもグッと我慢。この時の杖代わりの枝が、なんと頼もしく感じられたことか。こうしてやっとのことで徒渉を完了。うれしくて大声を出してしまった。

車に戻ったところで、ある異変に気づいた。両足がズキズキとやたらに痛むのだ。ウエーダーを脱ぎズボンをめくってみると、なんと5～6箇所にかなり大きな青アザができている。流されている途中で岩に当たったもののようだ。安心するまで全く気がつかなかった。もし頭をこの調子で打ちつけていたら、気を失ってそのまま流され、溺死していたかもしれない。本当に恐ろしい体験をしたのだと、改めて感じたのである。でも明らかに慢心が招いた失敗で、後の渓流釣り人生に、よい意味で影響を与えてくれる出来事であった。

その後、何度かこの川を訪れたが（雪代期以外）、私を救ってくれた命の木と枝はいまだに健在である。雪の重みに耐え抜いて、相変わらず川面に向かって斜めに伸びている。そこを通るたびに合掌する私を見て、同行者はいつも不思議そうに首をかしげるのである。

Accident File 102.

決死のボートサーフィング！

予報にはなかった南西の強風。みるみるうちに荒れ狂う海。小さなボートで波を横に切り遠い漁港を目差す戦慄の航行が始まった。

体験者　丸山　剛

神奈川県厚木市在住。写真家。月刊『つり人』、別冊つり人『渓流』ほか、ボートや山岳雑誌に写真・記事を随時掲載。『日本尺名渓』『ボート釣りがある日突然上手くなる』『ひょいっと源流釣り』（つり人社刊）の著作がある。

マジで死ぬかと思った度★★★

昔はレンタルの手漕ぎボート釣りを楽しんでいた小生が、小型船舶操縦士免許を取得して、ミニボートのオーナーになったのが１９９６年のことである。ミニボートは車の上に車載される場合が多く、カートップボートとも呼ばれる。最初のボートは、今はなくなってしまったアカシヨット社の「ＥＫ２７０」というＦＲＰ製の３分割式のボートで、カートップというよりも車内積タイプのボートだった。長さは２・７ｍで、エンジンは2サイクル5馬力を搭載していた。

今でこそ規制緩和で、３ｍ未満で2馬力未満のエンジンなら免許不要という時代だが、当時はそんな条件はなく、４級免許を取得した後、このボートを購入したのだ。ただ、一部規制が緩和された部分があって、可搬型の小型船舶で長さが３ｍ未満の船舶、または長さが５ｍ未満で重量３００kg未満の船舶なら、専用トレーラーなどの適当な運搬手段をもち、砂浜などから安全に発着可能なものは、車から降ろした任意の地点を基点にして航行できるという制度に変わった直後だった。

それまでは、船検証記載されていた定係港以外から出艇するには、いちいち書類を提出する必要があったのだ。規制緩和によって、これに当てはまる小生のボートは、自宅に保管していたので、船籍港または定係港が自宅の住所になり、日本全国のどこから出してもよいということになった。そして、日本の海岸から3海里（1海里＝１・８５２km×３＝５・５５６km）の沿岸内ならどこでも航行することができる。ひとくちに3海里といっても、小さなボートでそこまで出ると、海岸線がはるか遠くに見えるくらいである。

全国どこでもボートが出せるということから、つり人社の季刊誌『ボート＆リール』（現在は休刊）

で、「カートッパー虎の穴」という連載を始めた。当時、カートップボートの主流は、関西方面だった。大阪・堺のリトルボート販売の田原社長がリリースしていた「スーパーショット」という、2分割式でボートを運ぶためのドーリーといわれるタイヤが脱着できる、まさに究極のカートップボートがあった。日本海や太平洋、瀬戸内海といった地の利のよさを生かして、関西のカートッパーたちは行脚していたのだ。そんな人たちを手本に小生も全国の海に行き出したのである。

最初のボート「EK270」は、船長が短く、イケスもなかった。釣りのバリエーションが広がらないことを理由に、2002年に関東のメーカー、湘南高圧タンクの「パーフェクター13」に乗り換えた。どうして湘南高圧タンクがボートを作っているのかというと、タンクがFRPで作られていたからだ。社長の藤山氏は、ボート好きが高じて自らボートメーカーに転身した方だ。「パーフェクター13」は、関東生まれだけあって、相模湾で釣りをすることを想定していた。船長は、名前のとおり13フィート、3・8mで重量は60kg未満に抑えられてある。細見の船体と船底のキールがバウからスターンまでつまみ出したように通っている。これによって水面への食い込みがよくなる。また、小さなスパンカーが搭載されていて、エンジンの出力を抑えることで、関東の遊漁船が行なっているスパンカーの流し釣りが簡単にできるのである。エンジンは4ストロークの8馬力エンジンを搭載した。このボートになってから、ちょっとした波や風なら楽に出艇できるようになった。水深500mの深場へ釣りに行くのも可能になったのである。

現在は、やはり関東のメーカーで辻堂加工の「エボシ375」に2010年から乗っている。エンジンも4ストローク9・9馬力にアップ。このボートは、スパンカー搭載で流し釣りに向いているのと、2重底構造なので立ってキャスティングしても横揺れしにくいことが魅力である。

最初のボートオーナーになってから、19年の月日が過ぎた。出艇した中で怖い思いをしたことは多々ある。エンジントラブルもたくさんあった。沖で止まってしまい、何度やってもエンジンが掛からず、オールで手漕ぎをして帰ってきたこと。出力が上がらず、低速回転のまま時間をかけて帰ったこと。ホースの接続部分に亀裂が入りエアーが入って、すぐにエンジンが止まったこと。ほかにもアンカーが外れず、ロープを切らざるを得なかったり、スクリューにPEラインが巻きつき、エンジンを上げて身を乗り出して巻きつきを外したこともあった。漁船から文句をいわれるようなことも……。

しかし、こんなトラブルは当然予測されることで、対処の仕方によってどうにかなるものだ。なんといっても一番怖いのが天候の急変であることは間違いない。

「こんな小さなボートで、海に出て怖くないの?」とよく聞かれる。確かに大きなボートに比べると、喫水線も低くて、ちょっとした波でも飛沫を被るような状態である。怖くないといえば嘘になりそうだが、すべては海の状況次第なのである。最初からウネリや白波が立っていて、風が強く吹いているなら出艇しない。というよりも、できないといったほうが正しいかもしれない。しかし、状況は途中で変わるから困るのだ。

現在は、天気予報はより細かい地域の情報提供ニーズが高まっているため、テレビやラジオ以外にも携帯電話のサイトやインターネットなど、さまざまな方法で入手することが可能になった。予報が外れることは多々あるが、一応、天気の変わり具合などを事前にチェックしておくことで、心構えができるものである。それでも、予期せぬほど早く、強烈に天候が変動することがある。その時が厄介なのである。

天気が急変しても、場所によってはだが、マジで死ぬかと思う状況に陥ることはあまりない。たとえば、リトルボートの田原社長と「ＥＫ２７０」時代に福井の上瀬から出艇した時のこと。港を出て、正面崎を回り込んで北にある毛島を目差した。風もなく穏やかな海で、かなりの全開スピードで2艇は走っていた。お互いボートに1人だけ乗っていたので、快適なクルージングだった。島が近くなってきたところで、少し風が出てきた。目差す島は目の前だった。ところが先を走っていた田原さんのボートが急に旋回して小生をかわし、来た方向へ戻っていくではないか。そして数十秒後、小生は風の壁にぶつかった。強烈な北風とともに白波が襲ってきた。あわてて急旋回して田原さんの後を追った。ところが船体が短く、幅のある小生のボートは、波を越えると底から落ちてしまうので波切りが悪くスピードが出せない。それでも北風を南に向かうだけなので、ひと波ひと波真っすぐ進んでいけば、いずれは近くなるだろうと走り続けた。やがて正面崎の沖の馬立島まで来たところで島陰に回り込むと、そこに田原さんがいた。

「危機一髪やったな〜。戻ろうやっていう暇もなかったで」。全体的に若狭湾は入り組んでいるので、こんな急な北風でもウネリを伴った波にならず、白波が立ってもそれほど大変ではないようだ。

それでもこのサイズのボートだと、かなり危険な状態だったことは確かである。海の急変で、本当に「マジで死ぬ」かと思ったのは、2艇目の「パーフェクター13」で相模湾に出艇した時のことだ。

小生の住んでいる神奈川県には、カートップボートを受け入れている港が2つある。1つは、逗子の葉山にある葉山新港。もう1つが平塚にある平塚新港の平塚フィッシャリーナである。両方とも行政が受け入れを許可しているので、ルールをきちんと守って、既定の料金を支払えば普通に使用できる。全国でも珍しいカートップボートの受け入れ場所なのだ。料金も桟橋使用料と駐車料金を含めて2000円弱と、とってもリーズナブル。

両者を比べると、施設的には葉山新港に分がある。水道施設やしっかりしたスロープがあるからだ。ただ、小生の自宅から葉山新港に行くには、鎌倉を通らなければならない。慢性渋滞の鎌倉を通るのはちょっと気が引ける。自宅から近い平塚フィッシャリーナは、やっぱりありがたい。平塚フィッシャリーナは、簡易スロープを使ってボートの上げ下ろしを行なうか、最近では自前のヒッチクレーンで上下架をする人も多い。今では小生も自前のヒッチクレーンで上下架するが、その当時は簡易スロープを使っていた。

この日は雑誌の取材で、オニカサゴを釣る予定になっていた。ちょうどGPS魚探プロッターを買い替えたばかりで、今回が初めての使用だった。これまでの魚探は、振動子のパルスが200kHzの短波長1周波しかなく、100m以上の深場の像が取りにくかった。今度の魚探は200k

Hzと50kHzの2周波が使えるので、長波を使うことで深場の像も取れるようになった。魚探を変えたことで中深場のオニカサゴを釣る気になったというのが本音である。

ところが相模湾といっても相当広い。そんな中でいきなりオニカサゴのポイントを見つけるのは、大変である。そこで相模湾に詳しいカートップボート仲間から実績のあるオニカサゴポイントの座標を聞き、前もってGPSプロッターにマーキングしておいた。水深は120mで、砂礫混じりの広い尾根状の地形だという。

出艇する港内は静かで波もない。平塚新港の出口は西に向いている。ちょうど大磯に向かって防波堤が切れる。防波堤の右は砂浜が続いている。出入口が砂浜に近いだけに、ウネリがあると波が高くなる。今では平塚の遊漁船もこの港から出るので、時間帯によっては漁船と一緒になるので気を遣うものだ。

防波堤を回り込むと目の前には相模湾が広がる。少し早めに雪化粧した丹沢山塊、その後ろには堂々とした富士山が聳《そび》え立っている。なんて気持ちのよい風景なのだろう。波を越えて仲間が教えてくれた平島沖、水深120mのオニカサゴポイント目差してまっしぐらだ。ちょっとウネリがあるが現時点では問題なく、スロットルを上げて波を切って行った。

オニカサゴは水深100~200mの岩礁周りに生息する。カサゴと違って、根のきついところではなく、根と根の間にある砂礫の海底にいるといわれている。仕掛けは意外に単純だ。片テンビンの大にオモリ100~150号、2、3本バリの吹き流しで、幹イト、ハリスは8号程度、ハリはムツの16～18号。1mの幹イトから枝スを30～40cm出し、さらに1mのハリスを出して2本バリ仕掛けにした。チモトにはアピール度の大きいジャンボ蛍光ソフトを付ける。ハリには、タコベイトを縦に半分に切ったものをチョン掛けにし、それからサバの切り身やイカの短冊をチョン掛けにするのだ。

ポイントが決まったら、仕掛けを下ろす。先にハリを入れて、テンビンの順に投入する。投入したら、できるだけ速く仕掛けが落ちるようにサオ先を海中に入れる。遊漁船だと、何人も釣り人がいるので速く落とす競争になる。オニカサゴは最初に落ちてきたエサに食いつくことが多いからだ。その点、マイボートは快適である。海底にオモリが落ちたら、根掛かりしないようにすかさず仕掛け分プラス0・5～1mイトを巻きアタリに備える。アタリが来たら、根に潜られないように海底からオニカサゴを引き離す。それからじっくりと巻き上げるのが基本。群れがあると追い乗りして一荷で釣れることもままある。オニカサゴは背ビレや顔に鋭いトゲがあるので、取り込みは慎重にする。以前、遊漁船でオニカサゴを釣った時、海が荒れていて、取り込んだオニカサゴがデッキを滑ってきて足を直撃。なんとブーツを貫通して足に棘が刺さってしまった。それから何日も痛くてしようがなかった思い出がある。

記録していたポイントに到着し、プロッター画面から魚探に切り替える。なんと水深表示が400を越えている。あれれれ、ポイント入力を間違えたかなと思って座標を見たら合っていた。しかしこれでは深すぎだと思い、120の表示まで移動した。次に仕掛けを入れると、なんと30m

で止まってしまった。いったいどうなっているのかと魚探をよく見たら、水深表示がフィートだった。400フィートなら120mだ。

あわててポイントに戻ろうとしてまたボートを走らせる。そして座標地点に戻ってきた時、仕掛けを下ろす間もなく、南西の風が急に強く吹き出したのだ。今日の予報では南西の強風はなかった。しかし、みるみるうちに荒れ狂ってくる海。ポイントは烏帽子の平島沖なので、相当東に来ている。そして沖にも出ている。南西の風だと、ほとんど横に波を切っていくことになる。

心臓がバクバクしてきた。しかし、ここにいてもなんの解決にもならない。肝を据えてスロットルを上げる。

ウネリと波が合わさる相模湾の海は、すさまじいものがある。走り始めてすぐ、波にキールが引っ掛かって舵取りが不能になった。重心をできるだけ低くするため、同乗者に寝そべってもらった。そうすることで前も見やすくなり、操船もしやすくなる。波に対して横に進むには、サーフィングしなければならない。波のトップ近くまで来たら、スロットルを全開にして、波に乗って斜めに下っていく。下っている途中はスロットルを緩め、波の勢いでサーフィングする。波の底まで来たら、今度は波に向かってふたたびスロットル全開で上がっていく。

この繰り返しをするのだが、波は一定ではない。サーフィングできずに波を越えてしまうことがある。そうなると、次の波が崩れながら後ろから迫ってくるのだ。波の高さはかなりあって、角度もきつい。後ろから来た波が直撃して、ボートに打ち込む。エンジンまで水を被り、エンジンが止まった。進まなければ、ボートが波に対して横になってしまう。あわてて始動ロープを引く。「掛かってくれ〜」心が叫ぶ。果たして、エンジンが掛かった。ボートを立て直して、ふたたびサーフィングのやり直しだ。

目差す平塚新港は近づいてくる気配がない。それでもようやく相模川河口の沖まで来た。ここからがまた難所だ。相模川からの押し出しで、さらに波が高くなるのだ。茅ヶ崎港に向かっている漁船が近くを通るが、波の下になると全く見えない。

ここまで来て、ふっと思った。あのまま、茅ヶ崎港に入ってしまえばよかったのだ。カートップボートだから、車を回せばボートを回収できるのである。しかしそんなことは後の祭りで、ここまで来てしまったら平塚新港のほうが近い。

高い波を切り抜けるため、いったん沖へ向かい、西を目差して波をかわす。なんとか相模川を越えて、ふたたび北西に進路を変え、平塚新港の入口を目差した。もうかれこれ1時間も走っている。全身びしょ濡れ状態だ。その後もエンジンは水を被って3回停止、その度に掛かるかヒヤヒヤした。

やがて防波堤の横までたどり着いた。ここで横転したら一巻の終わりである。砂浜が近いせいで大ウネリが入口をふさいでいる。波のトップからスロットル全開で、防波堤内に飛び込むしかない。波のタイミングを計り、ここ一番の大波で一気に入港しようと飛び込み始めたら、なんと目の前に35フィートくらいの大型プレジャーボートが出ようとして、真ん中に陣取っているではないか！思わずスロットルを緩めてしまった。すると大波が今にもボートを飲み込まんと、トップが白く崩れて襲ってきた。この時は完全にひっくり返ると思った。同乗者が真下に見えた。その目は恐怖で見開かれていた。ところが、ボートは奇跡的に波を越えた。白波が砂浜方面に流れていく。一瞬で判断しなければならない。次の波が立ってきている。

「そこを絶対動くなよ！」とプレジャーボートに向けて念じると、フルスロットルでサーフィングしながらぎりぎりの操船で右の防波堤とプレジャーボートの間３ｍくらいの隙間を走り抜けた。プレジャーボートは、大波に揺られて上下を繰り返している姿が後ろにあった。

「助かった」。もう何がどうなっているのか理解できない状況だった。

「いや〜、危機一髪でしたね。こんな荒天にあのプレジャーボートはどこへ行くつもりなんですかね？」。やっと同乗者が口を開いた。そういえば、ここまで２人とも一切口を交わさなかった。それどころではなかったのだ。

入港すると、港内だけが静かだった。あの高い平塚新港の防波堤の上を、波飛沫が越えていた。管理人からは、「こんなになるまで、何をやってたんだ！」と大目玉をくらったのはいうまでもない。どんな状況でも決してあきらめないことが、運命を死から生に転換してくれるのだろうと感じた体験だった。

あれから後（つい最近）、リトルボートの田原さんと南紀白浜へ釣行した時も、南西風の急変に襲われたが、相模湾の時ほどマジで死ぬかと思ったことはない。

Accident File 103.

足場がない！

ルートは見えていなかった。だがなぜか、行けるだろうと高をくくってしまった。崖に取り付き、横移動を開始した直後、最初の楽観は絶望に姿を変えた。進退きわまり、一歩も動けない。

体験者　風間俊春

埼玉県横瀬町在住。秩父エリアの渓流をホームグラウンドにルアーでヤマメやイワナを追う若手アングラー。アワセの動きを最小限に、魚に違和感とダメージを極力与えない独特な釣り方を探究。バーブレスのシングルフックを常に使う。

マジで死ぬかと思った度★★

10数年前のある晴れた日のこと。盆地特有のまとわりつく湿気が今も記憶に残っている。私は地元の渓でもまだ開拓できていない場所に、いよいよ挑もうとしていた。事前に地図も確認し、自分の技量でも行けると確信していた。

到着早々、イワナを釣りあげテンションが上がる。身体の調子もよく、普段よりも早いテンポで釣りあがった。すると、1時間も経った頃に高巻の箇所が現われた。左岸は絶壁で右岸からのアプローチ。しかし、釣り人の踏み跡がどうにも見当たらない。下って捜しても見つからなかった。仕方なく最初の場所から高巻く決断をしたが、普段であれば容易に巻ける高さであるはずなのに1時間もかかってしまった。

どうしてタイムロスを生んでしまったのか、自分でも答えが出せなかったがまた釣りを始めた。良型のイワナと遊び、心地よい疲れが身体を覆っていた。先ほどの答えはそっちのけで、そろそろ帰るのもありかな？　いやいやもう少し奥まで行ってみたい！　と休憩しながら考えたが、そこは釣り人の性、もう少しのほうにランプが点灯した。本来ならここで帰ると決めるべきだった。実際、その休憩ポイントの少し先には、帰り道となる廃道への退渓点もあった。

ところが、そこを確認しながらさらに滝を2つばかり高巻き、その先がまた気になって遡行した。もちろん、途中で道へ上がれそうな場所も見ながらだったが、左岸に道があるはずなので左岸ばかり気にしていた。しばらくの間、どうみても自分の技術・装備では上がれない場所が続いた。だが、川通しで戻るのもちょっと面倒になってきた。道と川の高低差もいずれなくなってくるだろうと勝手に思い込み、さらに先へ進んだ。すると目の前に滝。またしても高巻箇所に遭遇した。

下流に高巻くポイントはないはずである。そこで直下から高巻く覚悟を決めたが、やはり踏み跡は見当たらない。遡行中にゴミがあったりしたので間違いなく釣り人が出入りしているはずなのだが、それらしい踏み跡は見つけられなかった。

パッと状況を確認したが、その時点でどう高巻くかまでは見えていなかった。でも行けるだろうと高をくくってしまった。崖を慎重に上り始めてすぐ、斜面の角度が垂直に近づいてきた。上下左右を見渡すと、少し下がった所をヘツるのがよさそうだ。どうにかなりそうだと楽観的に考えて、横移動を開始した直後であった。

「足場がない……」

両手はしっかりとホールドしていたが、左足がどうしても掛かる場所が見つからない。

「あっ……」と、思わず言葉を失って初めて感じた危機感と同時に、思考が停止していくのがよく分かった。進む方向へと体勢と重心を向けてしまっていたので、私は戻ることもできなくなっていたのだ。腕力にはもともと自信がないのだが、唯一の救いは両手ともに5本の指でしっかりと取りついていることだった。これが幸いしたが、それでもパニックの手前である。右足は震え、足場から離れてしまいそうであった。

もうダメだと思い始めた時に、いよいよ右足が足場から離れてしまった。そして身体はぶら下がる状態になり、自分が判断能力に欠けていたことに今さらながら気づいた。同時に「死」ということを意識したのもこの瞬間だ。時間にして数分の出来事だったのは間違いないが、自分にとっては地獄のように長い時間に感じていた。

先へも進めず、戻ることもできない八方塞《ふさ》がり。最悪は滑落して真下の滝つぼに落ちるしかないと覚悟したが、滝つぼは小さく、手前側が不幸にも岩場であった。かろうじて首を曲げ、滝つぼをのぞきながら、落ちるなら思い切りこの岩場を蹴って滝つぼに落ちなくてはいけないだろうか、と考える。そんなことができるのか？　でも死にたくない！

もう一度、懸命に足を掛けられる場所を捜した。偶然、右足が小さな出っ張りに一瞬掛かったがすぐに滑り、同じ場所にはもう掛からなかった。

無理にもがけば腕のほうが持たない。「本当にダメだ……」と思った時であった。下流から釣り人が現われたのである。

「どうした⁉　大丈夫か⁉」

「助けてください！」

間一髪のあと、この滝にもちゃんと高巻くルートがあることを教えてもらった。私が指を掛けていた場所が、その足場なのだった。釣り人は正しいルートから私の上側に回り込み、腕をつかんでくれたのだ。

「無理して命を落とすのか？　不安があるなら帰りなさい！」

当然の話である。私は平謝りしながらも感謝の言葉を繰り返した。すると、さらなる衝撃の一言。

ここでは私がずっと気にしていた左岸ではなく、右岸にケモノ道があり、そこを通って車の近くまで行けるのだという。

「もう少し調べないとダメだよ」

とはいえ、それはある意味では仕方がなかったとも思う。本当に悔いるべきは、私に判断能力とルートを見る力がなかったことだ。普段であれば、仮に踏み跡がなくても自分の技術の範囲で乗り越えられるルートを見つけられていたのだが、その日は見えなかったのである。最初の高巻でタイムロスした時点で気がつくべきだった。最後の高巻も、全くルートが見えていないのに強行したことが最大の失敗だと思われた。

情けないが、死と直面したショックは想像以上に大きかった。今まで友人・知人の滑落した経験談や、浮き石に足を取られた怪我にまつわる話などをたくさん聞いてきて、小心者の自分はいつでも慎重すぎるほどじっくり見て、何事も判断してきたつもりだった。それがこうである。

その後はしばらく、恐さから新しい場所へは行けなくなった。そして、高巻や危険箇所では無理をしない、自分でルートが見えない時はあきらめるクセもついた。

最近は同行者と釣る機会も増えているが、自分が「これなら行ける」と確信できても、相手も大丈夫かとなれば、また別の緊張感や慎重な判断を要求される。あんな体験は二度としたくない。無事な身体があってこその、楽しい釣りでなくてはならないのだ。

とはいえ、あの日の出来事は、私の釣り人生の中では貴重な宝物にもなっている。

Accident File 104.
ウエーディング・パニック！

目印のポールが見当たらない。今はまだ干潮のはずなのに、なぜ？　岸からだいぶ離れた沖で、腰まで浸かった自分がポツンと立っている。

体験者　横目則子

沖縄本島在住。ルアーを中心に釣りをこよなく愛する。沖縄で釣りを楽しむ女性の会「沖縄釣女会」の明るく頼れるリーダー。ブログ「島人のーりーの1日」も好評。

マジで死ぬかと思った体験談★★＋☆（深場にハマった分）

この失敗話が、誰かの役に立ちますように。

私は出身地である沖縄で、年がら年中釣りをするのが好きで、ショアもオフショアも、いろいろな釣りを楽しんでいる。なかでも一番好きなのがウエーディングの釣りだ。

沖縄の釣り人に人気のターゲットにタマン（ハマフエフキ）がいる。これを冬のウエーディングでねらいに行った時の話だ。

その日は、シーズンでも数少ない低潮位の日。次の春までこうしたチャンスは当分来ないことから、自分にとって唯一タマンを釣ったことのある実績のあるポイントに1人で行くことにした。

そこは過去に5～6回入ったことのある遠浅のリーフだ。地形が複雑で、岩場、砂地、浅場、深場が複雑に混在し、ところによっては潮の流れも速く、慣れている私でも毎回慎重に立ち込むポイントである。

1人でウエーディングする時は、普段からいつも以上に安全には気をつけている。この日も、「潮位100cm」「潮位70cm」「潮位50cm」「干潮時」「上げ潮50cm」を携帯のアラーム機能に設定してから入水するなど念を入れていた。

自分が入れる高さの潮位から干潮に向けて入り、干潮で戻ることを頭に入れて釣りを開始する。最も安全マージンが大きく、万が一帰りに足などを負傷してしまっても何とかできるようにと考えてのことだった。立ち込みの釣りでは足が命。岸に上がるまでは、気を抜いてはいけないと常に心に留めていた。

タマンのポイントに移動しながら、まず回遊魚などがいそうなスロープ付近でトップの反応を見る。だが反応はない。

ここ数日、連続して天候も悪く、水温が低いこともあったので仕方がないかと今度はボトムを叩いて回った。サンゴに根掛かりしながらも、ていねいにボトムを探った。だが本命のタマンはおろか外道さえ釣れない。この調子で今日の釣りが終わりそうな予感がしてきた。

煮え切らない釣りのまま終わることもできず、予定にはなかったリーフ（環礁帯）へ行ってみることにした。初めて行くリーフなので、周りの建物や浮いているウキ、さらに海中に突き出たポール、底の地形などを目印に、来た道を時折振り返って確認しながら進んだ。

空を見ても厚い雲もなく、日が照っていたこともあって海中の視界も良好。浅場、深場を確認しやすく安全だった。が、初めて行くリーフ。干潮まで時間も少なく、先端で釣れたとしても深追いせずに戻ることをあらかじめ決めておく。

先端のリーフに到着した時は、まだ引き潮のまっただ中で、ちょうど潮位50㎝の時間であることを携帯のアラームが告げていた。だが、リーフでも期待していたタマンは釣れず、その代わりにサイズのよいイシミーバイ（カンモンハタ）、クチナジ（イソフエフキ）、ヤマトビー（ニセクロホシフエダイ）などが多数遊んでくれた。

干潮までまだ時間はあったが、場所によってタイムラグがあることも考慮し、早々にルアーをしまって、来た道を戻ることにする。そして振り返り歩き出そうとした時のことだ。

ふと、風が変わったのを耳もとで感じた。空を見上げると分厚い雲が日差しをさえぎろうとしている。そこで初めてあわてた。

冬の立ち込みで一番心配なのが、光が遮られ、立ち込んでいる足場の視界が急に悪くなることだ。案の定、日が差している時は視界もよく、歩ける場所を捜すのも難しくなさそうだった自分の周囲が、いつの間にか青黒いだけの水面に変わり、底の状況も全く分からない状態になった。岸からだいぶ離れた沖で、腰まで浸かった自分が1人、ポツンと取り残されたように立っている。その感じにゾッとなった。

だが、そんなことは今までの経験で想定内。前述した建物や浮かぶウキ、海に立ててあるポールを目印に帰ればよいのだ。が、しかし。この日の一番の目印だったポールがなぜか見当たらない。今はまだ干潮に向かっているはずなのに、どうしてポールが沈んでいるのか……？　今度こそ背筋が凍るのを感じた。

私は確かに海底に打ちつけてあったポールの横を歩いて来た。そのポールは私の背が低めとはいえ身長よりも高かった……はずなのだがそのポールがない。

「もしかしてここは流れが速く、干潮時間に合わなかったのか？　まさか今が上げ潮状態？」

岸までの距離が限りなく遠く感じる。いよいよ怖さで心臓がドキドキし、あわて始めている自分がいた。

私はこんな時、仲間がいると持ち前の責任感で逆に冷静さがわき出てくる。だが、1人なのだと孤独を感じた時、いつの間にか思ってもみなかった精神状態に陥ってしまった。

こうなってしまうと、普段なら当然のように分かっていることでも、なりふりかまわず助かりたい一心で早まった行動に出てしまう。それがこの時に初めて分かった。

自分が支離滅裂な行動を取ったことを今でもよく覚えている。一度感じてしまった恐怖の中では、不思議なほど自分で自分を落ち着かせるという作業が困難なのだ。

私は、「大丈夫、大丈夫、落ち着け……落ち着け……ワタシ」とまず自分に言い聞かせた。とにかく落ち着くことが大切なのだと頭では理解できるのである。だが、いくらそうやってみても心は落ちつかず、深呼吸をしてみてもダメ。こんな状態が、普段持っているはずの知識を全部奪い去っていった。

結局、私がとっさに取った行動は、目に見える一番近い岸へ向かって闇雲に進むことだった。もうリーフに着いた時の冷静さは全くない。と、深場に足を入れてしまいドボン。さらに恐怖が高まる。急いではい上がった時、意外にフィッシングベストの浮力が感じられたので一時の安心を覚えた。幸いにも、釣行前にベストの浮力材を交換したばかりだった。それで少し気持ちが高ぶったのか、もう泳ぐしかない！　とバカなことを考えた。

泳ぎに自信があるのも考えものだ。ウエーダーで泳ぐのは危ないと分かっていたはずなのに、そんなことはおかまいなしになっていた私は、ウエーダーの腰ベルトとフィッシングベストのドローコードを食い込むほどきつく締め、一番近い岸に向かってふたたびダイブした！　正気なら、まずこんな行動はしない。

やみくもに泳ぎながら考えた。

「しかし、このままウエーダーの中に水が溜まると溺れてしまう。どこかで脱がなきゃ……」

そこで泳ぐのを一度やめてみると、……立てた(涙)。あれ？　もしかして大したところではなかった？　その時にちょうど風が変わり、また光が差してきた。

振り返って自分が泳いで来たところを見ると、たまたまそこにあったという程度の深いタイドプール。その上を私は懸命にもがいて泳いでいたようだった。

腰まで浸かったウエーダーの中には、岸に戻ってみると2〜3リットル分くらいの海水が溜まっていた。とはいえ、これも幸いなことに、しっかりとベルトの付いたウエーダーに替えていたのはこの年からで、もしベルトがなければ、ほんの数秒で身動きが取れなくなっていたと思う。

岸に上がってみると、その日、このポイントには私と逆方向から3人の知人が入って釣りをしていた。私の顚末《てんまつ》など知らない知人たちに、大変な目に遭ったという話をしながら、心底ホッとした。

最終的には、装備に万全を期していたので大きな事故もなく岸に戻れたのだが、1人での立ち込みはできるだけ避けようと思った。そして装備は今までどおりきちんとしよう、1人で何かあった時、普段の冷静さを保てるか分からない。そんな自分を知るうえで、ものすごく勉強になった出来事だった。

今回、改めて振り返ってみると、恥ずかしい以上に未だにドキドキする。ちなみに、ポールが沈んでいた理由は、あとから先輩のアドバイスで分かった。まれに地形や流れの関係で、一度一定の場所に潮が溜まってから沖へ吐き出す場所があるようなのだ。私の当てにしていたポールはその潮溜まりに沈んだらしい。これも貴重な経験をした。

この出来事で、私の安全に対する意識が一層高まったのはいうまでもない。

冷静さには自信があるという人は、案外多いのではないだろうか。でも、そんな人こそ、改めて装備は万全を心がけてほしい。

Accident File 105.

巨大魚と格闘！

豪雨の夜、ソイツは、すさまじい音を立てて僕の磯ザオをへし折った。サオ先はそのまま海中へ。そして僕もまたタックルもろとも引きずり込まれそうに。

体験者　渡辺昌幸

福岡県福岡市在住。離島の釣りを愛好し、九州一円の磯に上がって数十年。地元釣り倶楽部の会長を務め、長年の経験をもとに今も大手釣り具メーカーの磯アドバイザーを務めるほか、オリジナル円錐ウキの開発などにも携わる。

マジで死ぬかと思った度★★

鹿児島の薩南諸島をはじめ、男女、五島、平戸、鶴見、佐多岬、宇治、草垣、壱岐、対馬など、九州の磯をしらみつぶしにぐるりとサオをだすこと数千回。そんな僕の磯釣りは、自慢にもならないが、当然、危険の積み重ねである。自然との戦いなんていっても最初から勝てる相手ではない。だが、やはりその上に僕の磯釣りの歴史はある。

平成24年6月、僕は主宰する「浦島太郎釣りクラブ」の仲間と、正午から長崎県五島列島の宇久島の渡船をチャーターしての釣りに出た。当日は、豪雨の予報であったのだが、船が出る以上、雨ごときに尻込みはできない。僕は宇久島の西海岸にポツンと鎮座する、鴨瀬という大好きな岩に乗った。パートナーは、同クラブでボラを釣らせたら彼の右に出る者はいないといわれ、不名誉な称号「ボラ王子」をいただいている五郎丸さんだ。

鴨瀬は南側がクロ（グレ）、イシダイ、アラ、イサキなどのよく釣れる好ポイントになっており、これまでにイシダイねらいでは15号のハリを折られたこともある。クロの釣りでは、満ち潮の本流をどんどん流していると、サオをひったくるようなものすごいアタリがあり、ミチイトをバチバチと弾き飛ばすような豪快な引きを見せてオナガメジナが来る。

一方、鴨瀬の北側も僕の好きなポイントで、ちょくちょく好んでここを希望する。過去の実績ではアラ（クエの7kg）、イシダイ、イシガキダイ、クロ、イサキなど。時期によってはクーラー満タンで、期待を裏切らない磯なのだ。ちなみに、鴨瀬の北側は大潮の満潮で途中の部分が波で洗われると先端部分が孤立する。すると、後ろに4畳半くらいの水たまりができて、これが釣れた魚を生かしておく格好の池になる。

この日も、いつものように夕刻までは好きなクロ釣りをしていた。ただし、もう1つ好きなイシダイの仕掛けもぶっこんでおいた。当然、それぞれの寄せエサを施すことは忘れない。撒いて、寄せて、エサを投げて、あとはじっと幸運を待つ。特にイシダイの仕掛けは寄せエサが大事だ。パラパラ、パラパラと撒く。エサは匂いと視認性が重要。一方、クロだって釣りたい。つまり二刀流である。離島の海は、いまそこにクロもいれば、イシダイだってウジャウジャいるかもしれないのだ。釣らないのはもったいない。ちなみに、小さなクロは、アラねらいの貴重な生きエサになる。

さて、この日は日中から予報どおりに雨が降り出した。しかも、夕方になるといっそう雨足は激しくなった。初めはザザザザーといった感じだったものが、いつの間にかバタバタバタと、まるで小石でも降っているかのように変わった。あらかじめ張っていたブルーシートは風で激しくはためき、雨はいよいよ豪雨となってしまった。足もとには川のようになった雨水が流れていく。シートの外に出したバケツは、またたく間に満水になった。

その日は渡った磯でそのまま夜を明かすことになっていた。こんな天気では当然ながら周囲は真っ暗である。漆黒の磯は岩も海もすべてが暗黒の世界。そんな中でも僕にはアラの呼ぶ声が聞こえるような気がした。アラは夜の帝王とよばれる巨魚である。そして雨に光がかき消され、闇が迫る。過去の経験から、僕は心の高鳴りを覚えた。

降りしきる豪雨の中、波が洗う岩の先端に出る。寄せエサとなるサバの一本ものを撒き、さらに撒いてアタリを待った。すると、こちらの期待に応えてくれるように、グワン、と一気に磯釣り用の豪竿が海に引き込まれた。

「キターー!」。とっさにサオを手に取り、必死になってその引きに耐えた。そんな僕をあざ笑うように、見えない暗闇の中にいる相手は一気に走った。その時だった。海に突き刺さっていたサオが、バキバキバキというなんとも表現できない異様な音を立てて折れ、そのままサオ先が抜けて海中へ引きずり込まれてしまったのである。波を被る僕はタックルもろともアラに引きずり込まれそうだった。その強力、強引さに、さすがに一時は負けそうだとも思った。

それでも、まずは折られたサオの元をしっかりと持った。この時点で、すでに手もとにはない一番、二番、三番のサオと、張りつめた100号のライン、そしてアラと自分をつなぐものは一直線のイトのみである。もうこれ以上は一歩も譲れない。100号ナイロンは無理に引いたら岩で切れてしまうだろう。「こいつは逃がすわけにはいかない!」。魚と自分のどちらもが瀬戸際に立たされている中で、とっさにそう思った。

自分の周りでは、岩にぶつかって白い波が舞い上がり、下げていく、その光景だけが繰り返された。「五郎ちゃん!」と大声でヘルプを叫んでみたが、激しい雨と波の音にそれはかき消された。

「もう援軍は来ない」。はっきりとそう思った時、自分の中でそれまでに経験していた荒磯やしけた磯での釣り、あるいは海に落ちたことなどが一緒くたになり、ひとつの覚悟が生まれた。「この魚を取るにはここにいてはムリだ」。そう思ったのだ。打ち寄せる波は2m。引く波も怖いが、アラを獲りたい一心が勇気になった。頭から行けばキャップランプが外れてしまう。僕は意を決して無謀にも磯際を降りていったのである。そのままラインをつかまえて、無我夢中でアラを引き寄せると、急いでエラの中に革手袋をしていた手を突っ込んだ。

その間、自分は暗黒の海が怖いとは全く思わなかった。ザザザーと押し寄せる波が来た。だが、その時もアラを離さず、引く波にも必死で岩をつかんで耐え、次の波が押し寄せた時に文字どおりの「火事場のくそ力」で一気に海からその巨大なアラを持ち上げていた。

びしょ濡れの釣り人が1人と、その横に敗北したアラが1尾。アラは恐怖心からか、はたまたとんでもないことになったストレスからなのか、飲み込んでいたエサのサバをグワグワと吐き出した。その数20本ほど。釣れた瞬間は、きっと満腹で30kgは優にあったのではないかと推測される。朝になって、五郎丸さんがカメラを構えてくれた。

この時の釣りは、その後、マダイの80cmとイシガキダイの45cmを追加して終えることになった。だが、今にして思うと、あのアラとのやりとりは、何か1つが狂えば間違いなく僕の命が海のモクズと消えていておかしくないものだった。もし、波の力が勝り、つかんでいる岩から引き落とされていたら……。もし、あの時、アラが最後の力を振り絞り潜っていたら……。もし、あの時、つかんだ岩が波に没していて、そもそもつかめていなかったら……。もし、キャップライトがショックで海に落ちていたら……。

今でもあの時は、紙一重の命だったと自戒するのである。

本書は月刊『つり人』2011年2月号、2014年7月号、2015年8月号の「釣り人たちの九死に一生スペシャル」をまとめたものです。「半宙吊り危機一髪！」「胸壁から落下！」「雪代の激流流下！」「決死のボートサーフィング！」は、書き下ろしとなります。

●あなたの「死ぬかと思った」体験談を募集します！
釣り場での危機一髪、あるいは恥ずかしくてもう死にたいなどの体験談を、氏名・住所・連絡先をご明記のうえ、小社書籍編集部「死ぬかと思った」係にお寄せください（文字2000～4000字程度）。採用作品は、月刊『つり人』誌上、本書の続編等にて発表させていただきます（掲載作品には小社規定の原稿料をお支払いいたします）。投稿された原稿はご返送いたしませんので、ご了承ください。

釣《つ》り人《びと》の「マジで死《し》ぬかと思《おも》った」体験談《たいけんだん》5

2015年10月1日発行

編　者　つり人社書籍編集部
発行者　鈴木康友
発行所　株式会社つり人社
〒101－8408
東京都千代田区神田神保町1-30-13
TEL 03－3294－0781（営業部）
TEL 03－3294－0766（編集部）
振替 00110－7－70582
印刷・製本　大日本印刷株式会社

乱丁、落丁などありましたらお取り替えいたします。

ISBN：978-4-86447-083-4　C2075
つり人社ホームページ　http://tsuribito.co.jp/